Larousse

Los **clásicos** de la **cocina** **mexicana**

DIRECCIÓN EDITORIAL Tomás García Cerezo

EDITORA RESPONSABLE Verónica Rico Mar

ASISTENTE EDITORIAL Gustavo Romero Ramírez

DISEÑO Y FORMACIÓN Rossana Treviño Tobías /
Visión Tipográfica Editores, S. A. de C. V.

FOTOGRAFÍA Alejandro Vera, Federico Gil
y Archivo JM Editorial

FOTOGRAFÍA COMPLEMENTARIA Archivo fotográfico Ediciones Larousse, S. A. de C. V.
© 2008 JupiterImages Corporation

DISEÑO DE PORTADA Ediciones Larousse, S. A. de C. V.
Con la colaboración de Vea Diseño, S. C.

© MMIX por Ediciones Larousse, S. A. de C. V.
Renacimiento núm 180, Col. San Juan Tlihuaca, C.P. 02400, Ciudad de México.

ISBN: 978-970-22-2213-2

PRIMERA EDICIÓN — Octava reimpresión

Impreso en México – *Printed in Mexico*

Larousse

Los **clásicos** de la **cocina** mexicana

Ricardo Muñoz Zurita

LAROUSSE

Introducción

Esta casa editorial tiene el compromiso de difundir nuestras tradiciones y aquellas manifestaciones culturales que hacen de México un país único. En esta ocasión, la gastronomía es nuestra abanderada, y hemos decidido hacer un homenaje a *Los clásicos de la cocina mexicana*. Aquellas recetas que han trascendido de generación en generación y que siguen recreándose fieles a la tradición, en los hogares o en establecimientos, forman parte del arraigo y de lo clásico de nuestra nación. Cada uno de estos platillos ha sabido traspasar las barreras del tiempo y consolidarse en el gusto de la gente, ya sea por su magnífico sabor, su rica historia, su amplia distribución geográfica, o por ser el depositario de una parte de nuestra identidad.

Consideramos que un experto en la materia, como el chef e investigador gastronómico Ricardo Muñoz Zurita, debía ser el encargado de la ardua selección y compilación de estos clásicos. En su larga experiencia culinaria, este chef ha sabido representar con orgullo y autenticidad a la cocina mexicana tanto en México como en el extranjero.

Toda selección necesariamente debe excluir un sinnúmero de platillos. Durante el desarrollo de esta obra nos enfrentamos a una rica problemática: había que dejar fuera muchas recetas o acabaríamos por hacer un libro del doble de tamaño. Tal es la riqueza de nuestra gastronomía. Creemos que el tema da para dos o tres volúmenes de similar tamaño. Sin embargo, consideramos que el trabajo de Ricardo Muñoz Zurita ha sido espléndidamente fundamentado. El resultado es una selección amplia y variada, que le brinda al lector un panorama claro de cuáles son esos platillos que podemos llamar *Los clásicos de la cocina mexicana*.

Hemos incluido una sección denominada "Viaje culinario por México", que enriquece las recetas con información práctica, histórica o anecdótica; lo que convierte a este libro en una obra de interés tanto para profesionales gastronómicos, estudiantes y amas de casa, como para cualquier lector interesado en el tema.

Así, de la mano del autor, esta obra nos ayuda a retomar y a recrear todos esos sabores que han hecho a los platillos clásicos de la cocina mexicana consolidarse como tales.

Deseamos que este libro sea para nuestros lectores un acercamiento serio pero accesible al tema, a la vez que se convierta en un documento de referencia obligada para todos los usuarios interesados en el conocimiento y elaboración de nuestra gastronomía tradicional.

Los editores

Presentación

Éste es el resultado de más de 20 años de investigación culinaria en México, de subir y bajar por diversos rumbos del territorio nacional. Cuando era muy joven, tenía la ilusión de conocer todo el país o por lo menos sus ciudades y pueblos más importantes. Sé que me faltan muchos todavía, pero creo haber viajado a todos los lugares donde hay algo interesante desde el punto de vista gastronómico.

Lo más difícil del libro fue escoger las recetas; procuré no omitir ningún estado de la República Mexicana, pero fue una tarea complicada. Para incluir todo el país se necesitarían 32 volúmenes, uno para cada estado y otro para el Distrito Federal, y de cualquier manera quedaría incompleto, porque existen regiones gastronómicas muy difíciles de clasificar. Incluí las recetas que creí más representativas, por esto lo titulé *Los clásicos de la cocina mexicana*.

Lo único que tuve en mente fueron las comidas que no debe perderse un viajero nacional o extranjero mientras recorre nuestro país. Trate usted de imaginar lo que sería un viaje a Yucatán sin cochinita pibil; a Sinaloa, sin degustar el aguachile, o a Baja California, sin probar los ostiones de San Quintín.

No exagero al decir que la diversidad de la cocina mexicana es tan grande que a veces sólo conocemos lo que se come en el entorno donde vivimos. Además, ésta cambia mucho de una estación del año a otra. El calendario religioso modifica también nuestra forma de comer; tal vez los mejores ejemplos de esto sean el Día de Muertos o la Navidad.

Aclaro que todas las recetas incluidas en este libro son del dominio popular; mi único aporte es haberlas escrito como producto de mis investigaciones. No tendría caso reescribir las ya investigadas por otros, simplemente ésta es mi visión de lo que he encontrado y comido en mis viajes. No hubiera podido escribir una receta tan compleja como el adobo huasteco sin conocer a los indígenas de esa región, o el mole poblano sin aprender lo importante que es para muchas comunidades en una boda, en un bautizo, o con el fin de festejar a su santo patrón.

No podría explicar el capítulo de las salsas si no hubiera visitado las taquerías por las tardes o por las madrugadas. Tan sólo en el caso del sikil pa'k de Yucatán tuve tantas versiones que me fue difícil escoger una; hubo recetas de las que oí hablar, pero que nunca probé, como el sikil pa'k con jugo de naranja agria.

Creo que el verdadero origen de la cocina mexicana es indígena y prehispánico, los platillos que se hacían en la época prehispánica siguen siendo muy importantes; son los casos de la tortilla, los tamales, el pozole, el pozol, el mole, los chileatoles, los atoles, los tlatoniles, etcétera.

La presencia indígena está por todas partes: los mayas, en Yucatán; los zapotecas y mixtecos, en Oaxaca; los tarahumaras, en Chihuahua; los huastecos, en Tamaulipas, Veracruz y San Luis Potosí; los papantecos, en el norte de Veracruz; los nahuas, en Puebla, por sólo mencionar unos ejemplos.

Muchas veces encontré recetas que se hacen en molcajete o metate, y me quebré la cabeza para trasladarlas a la vida moderna de la licuadora y el horno de microondas; aunque sé que no es lo mismo, es la única forma de lograr que la cocina tradicional persista. Negar la existencia y la utilización de la licuadora, el horno de microondas o los procesadores de alimentos sería pensar que la cocina y la cultura son estáticas. Veo el futuro de la cocina mexicana muy fértil, en lugar de negar la modernidad, tenemos que abrazarla e integrarla a nuestras vidas.

He incluido recetas, como el queso fundido, porque debemos pensar que no somos los únicos que derretimos queso y es importante que un suizo conozca la forma en que nosotros lo hacemos a la mexicana. Otro ejemplo es el arroz a la tumbada, que no tiene ninguna relación con la paella de España. También, nuestros estofados no se parecen a los que preparan los franceses. Incluso nuestro pavo es diferente al que hacen en Estados Unidos para el día de Acción de Gracias. Los nombres o los ingredientes se repiten, pero el platillo es muy diferente.

No olvidé los quelites, pero éstos suelen ser hojas tiernas de temporada y a veces su distribución es muy limitada. Me encantan los quintoniles, las malvas, etc. Sólo incluí la chaya, el epazote y la hoja santa.

Escribí este libro con un lenguaje más amigable, pues llevo sobre mí el pesado texto del *Diccionario enciclopédico de gastronomía mexicana*, en el que no se puede escribir ninguna anécdota, las cosas curiosas que pasaron en mis viajes, la gente interesante que conocí, cómo llegué a un platillo o ingrediente. En esta ocasión, para mí era necesario escribirlo como alguien que describe un viaje. Porque la cocina no debe ser aburrida, tiene que ser divertida.

Las recetas no son tan largas como parecen; las escribí de una forma muy detallada para que quien cocine se sienta guiado todo el tiempo. A veces es necesario empezar a marinar la carne o cocinar un día antes. En otras ocasiones debe dejarse reposar o añadir ingredientes sin dejar de mover. En ciertas recetas doy detalles del tipo o tamaño de la olla en la que debe cocinarse un determinado guiso. Todo esto es muy importante porque la persona que va a cocinar algo que nunca ha hecho debe saber todo lo que necesitará antes de comprar los ingredientes o encender la lumbre.

He cambiado y México también; quise escribir este libro antes de que se me olviden las recetas tradicionales de México, de ese México que me tocó vivir cuando fui niño y adolescente, porque ahora como adulto veo que se pierden poco a poco. Es necesario registrarlas poniéndolas al día con cantidades, peso y tiempo de preparación de la manera más exacta posible.

Me siento muy comprometido con la ecología, con los animales en peligro de extinción que en el pasado se comían cotidianamente y que ya no debemos consumir, sino preservar. Me preocupa la reducción de los bosques donde crecen los hongos. No debemos contaminar el agua de los ríos ni de los mares, para que se aprovechen mejor. No hay que dejar que se pierdan los cultivos de la milpa y las variedades nativas del maíz. Sólo puedo ayudar con lo que me tocó hacer en la vida: cocinar de manera responsable y difundir esta gran pasión llamada "cocina mexicana".

Brevísimo recorrido culinario por México

Una sola vez no es suficiente, hay lugares a los que he ido más de 10 veces, como Oaxaca y Baja California. Tal vez la región más uniforme es la península de Yucatán, el estilo de comida está muy definido. Hay enormes similitudes entre Yucatán, Campeche y Quintana Roo; ahí reinan el achiote y el chile habanero.

Por otra parte, Veracruz es un estado muy diverso: el puerto y toda la cuenca del Papaloapan basan su cocina —llamada "jarocha"— en pescados y mariscos. La región de Papantla comparte muchos platillos con Puebla, y más al norte está la maravillosa cocina indígena de las huastecas, que también comparten con Tamaulipas. Al sur, en el área de Coatzacoalcos, hay una influencia muy marcada del Istmo de Tehuantepec, Oaxaca y la cocina tabasqueña.

La península de Baja California es todavía un territorio poco habitado, sólo tiene unas cuantas ciudades importantes y varios destinos turísticos. La comida tradicional no es tan variada como en el centro del país. Son famosos los tacos de pescado, las langostas de Puerto Nuevo y los burritos de langosta. Es importante recalcar que en esta región se producen los pescados y mariscos más finos, algunos de tanta calidad que nunca los vemos en México porque todo se destina para exportación.

Sinaloa y Nayarit comparten mucha similitud en sus ceviches y cocteles. ¿Y quién podría olvidar el aguachile o el chilorio de Sinaloa?

Nuevo León, Coahuila, Chihuahua y Sonora son estados donde hay un gran consumo de carne seca y fresca; sin embargo, cada uno tiene algún platillo representativo. Por ejemplo, el cabrito en Nuevo León o las coyotas en Sonora.

Los tarahumaras de Chihuahua tienen una comida muy sencilla pero interesante.

La cocina de Tabasco ha cambiado mucho en las últimas tres décadas; hace 40 años se comía tortuga, hicotea, pichiches y pejelagarto. Hoy en día, la dieta está enfocada a las carnes de res y cerdo. Afortunadamente, todavía se consumen pato, pavo y los guisos tradicionales, como los tamales.

El centro del país, la ciudad de México y sus alrededores, es una extensión territorial muy profusa, entre otras cosas por su cercanía con Puebla, Hidalgo, Querétaro y el Estado de México; además, al ser la capital, en ella vive gente de casi todo el país, por tanto, existen barrios donde hay restaurantes regionales de prácticamente toda la república.

Puebla es como su catedral: majestuosa y barroca. De ahí es originario uno de los platillos más emblemáticos de la cocina mexicana: el mole poblano; así como los chiles en nogada.

De Chiapas, tal vez lo que más recuerdo es la diversidad de tamales, entre ellos el chiapaneco y el cambray, así como el tasajo con pepita, los embutidos y la sopa de pan.

Tlaxcala es sumamente rica en moles y pipianes. La presencia indígena es muy importante en este estado. El mixiote y los guisos de nopales son de las comidas más representativas.

Oaxaca es otro estado cuya cocina es como un país independiente. Se podría escribir un libro dedicado únicamente a los moles oaxaqueños. De hecho, existen muchas obras que sólo abarcan los Valles Centrales o el Istmo de Tehuantepec.

Si algunos de ustedes, amables lectores, gustan un recorrido más detallado por la cocina mexicana, les invito a consultar mi *Diccionario enciclopédico de gastronomía mexicana*.

Entradas y antojitos

Una de las características más sorprendentes de la cocina mexicana es la gran variedad de alimentos que existen para comenzar una comida. Éstos cambian de región en región y, en algunos casos, se vuelven hasta una comida completa. Tan sólo de los antojitos a base de maíz existe una familia casi interminable, como los panuchos y los salbutes de Yucatán, los negritos de Campeche, los sopitos de Colima, las chalupas poblanas, los sopes del centro del país, los tlacoyos de Tlaxcala, las gorditas de Aguascalientes y Zacatecas, toda clase de taquitos y quesadillas, por sólo mencionar algunos.

Con las tortillas de harina se hacen principalmente los burritos y las chimichangas.

También existen otros alimentos de preparaciones más complejas, como los plátanos machos rellenos de frijol, carne o queso, que se hacen en diferentes estados ubicados en las costas de México.

Otros preparados son las manitas de puerco, el queso fundido, el sikil p'ak y el guacamole, que se hace prácticamente en todo el país.

La selección de los alimentos que se presentan en este capítulo fue difícil debido a la diversidad que existe por casi todo el país.

Sopas y cremas

Por lo común, la comida del mediodía es el alimento más importante y es también cuando se consume la gran mayoría de los guisos y platillos tradicionales. Las sopas y las cremas juegan un papel muy importante antes del plato fuerte; las hay de todo tipo: de verduras al natural, con caldo de pollo, o cremas de diversas verduras u hortalizas. Una comida casera del mediodía no se concibe sin una buena sopa. Es interesante observar que aunque en el país existen zonas muy calurosas, de cualquier manera las sopas calientes son muy acostumbradas y las sopas frías son casi inexistentes.

Existe también un grupo de sopas que hacen la función de plato fuerte, como los pozoles, la pancita y los potajes; éstos los veremos en el capítulo de especialidades regionales.

Ceviches y cocteles

Hace muchas décadas, los ceviches eran preparaciones de pescado fresco que sólo se podían comer en los lugares costeros, pues ahí era donde se conseguía el pescado en estas condiciones e inmediatamente se preparaba con limón. Actualmente, el consumo se ha extendido gracias al mejoramiento de la transportación y refrigeración del pescado.

En el país se consume más ceviche de lo que se pudiera pensar. México cuenta con extensos litorales en las costas del Pacífico, el Golfo de México y parte del mar Caribe; se podría decir que en cada región se ha desarrollado un tipo de ceviche diferente.

Ahora, los colores son importantes. En el pasado, prácticamente sólo había un ceviche sencillo preparado con limón, chile, cilantro y jitomate, pero se le añadió salsa de jitomate y nació el rojo. En las últimas dos décadas, entre las nuevas creaciones de la cocina mexicana, también se ha hecho muy popular el ceviche verde hecho con varias hierbas aromáticas, como cilantro, albahaca, perejil y chiles verdes.

Frijoles

De acuerdo con los historiadores, la base de la alimentación de los antiguos mexicanos era el frijol, el maíz, la calabaza y el chile, entre otros alimentos. Y hasta el día de hoy siguen vigentes en la dieta popular.

El frijol ocupa un capítulo debido a su gran importancia. Seguramente en tiempos ancestrales se consumió de forma muy similar a lo que hoy conocemos como "frijoles de la olla" o "frijoles caldosos"; es evidente que con el paso del tiempo se le añadieron otros ingredientes hasta llegar a preparaciones complejas como los frijoles puercos.

Aunque no es una regla, se supone que todos los habitantes de los estados ubicados en el Golfo de México, sur y sureste del país, consumen principalmente el frijol negro. Los pobladores de los estados del centro del país comen el bayo, el flor de mayo o el flor de junio, entre otros. Cabe aclarar que en los mercados regionales se pueden comprar otros frijoles cuyo consumo no es muy frecuente y que sin embargo son muy sabrosos, como los canarios. En los estados del norte los frijoles de tono café y colores claros son los que más se acostumbran. En muy pocos casos existen frijoles blancos; en Oaxaca se emplean para el mole verde. En Yucatán existen los espelón, que se utilizan para relleno de tamales.

Chiles rellenos

Los chiles rellenos son un capítulo muy importante. Después de los moles, son tal vez la especialidad más apreciada, sobre todo si pensamos que el chile en nogada, junto con el mole, forma la mancuerna de los platillos nacionales por excelencia.

El chile que más se utiliza para rellenar es el poblano, probablemente por ser un chile grande, carnoso y de un picor suave. Los rellenos son infinitos: carnes, picadillos, quesos y verduras, entre muchos otros.

Cuando el chile poblano se seca se convierte en el chile ancho, el cual se debe rehidratar para su uso. Los rellenos de éste pueden ser también muy variados; sin embargo, en la investigación que hice para mi libro *Los chiles rellenos en México* pude darme cuenta de que prácticamente no hay recetas tradicionales de chiles anchos rellenos y que las que aparecen en los libros o cartas de los restaurantes son más bien recetas recientes.

Los chiles jalapeños, verdes y frescos, son los segundos en popularidad; generalmente se rellenan de carne de cerdo, res, picadillos o pollo. Durante la Semana Santa cobran vital importancia porque se rellenan de pescado o atún; por esta razón se les conoce como "chiles cuaresmeños".

El chipotle es el chile jalapeño seco y ahumado. En el área de Xalapa es típico rellenarlos con carne de cerdo o pollo. Se capean con huevo y se comen solos o con salsa roja de jitomate.

En Oaxaca, los chiles pasilla oaxaqueños rellenos con carne de cerdo o pollo son muy populares. También se capean con huevo y se sirven con caldillo de jitomate.

En la península de Yucatán, los más acostumbrados son los chiles xcatik, que son chiles güeros de forma alargada, rellenos con una especie de picadillo de cazón (tiburón pequeño). Se capean con huevo y se sirven acompañados de una salsa blanca a la que llaman "kol"; todo se completa con otra salsa de jitomate llamada "chiltomate".

Moles

Los grandes festejos y acontecimientos en el país se celebran con moles. El mole no es sólo una gran receta, es una identidad nacional, un sentido de vida, un estado de ánimo. Se requiere ser mexicano para que el mole le guste; no es un sabor sencillo, más bien es complejo. Por esto, a muchos extranjeros puede no agradarles en primera instancia, pero cuando se involucran con la vida y la cultura de México lo llegan a apreciar tanto como nosotros mismos.

El mole poblano es considerado el platillo nacional por excelencia, aunque se debe aclarar que hay muchos tipos de este mismo mole que se hacen en todo el centro del país principalmente.

No menos importantes son los pipianes, cuyos orígenes también se remontan a la época prehispánica; los hay verdes, del color beige de la pepita y rojos. Otra gran salsa o guiso es el encacahuatado, que aparece también en las fiestas importantes. Tal vez los manchamanteles son los más distintos, pues contienen diferentes frutas y son dulzones.

Oaxaca es sin lugar a dudas la tierra de los moles, tan sólo en su capital y en los Valles Centrales existen tantos que se ha hecho una clasificación de siete moles; entre ellos se encuentran el portentoso mole negro, considerado por muchos el rey de los moles, el mole colorado, el mole coloradito, el mole verde, el chichilo negro, el manchamanteles o almendrado (según a quién se le pregunte) y el mole amarillo; este último es muy peculiar porque es el que tiene más registros de variantes en su preparación, cada comunidad indígena lo guisa de diferente manera y, según la carne, cambia la hierba aromática; además, es un mole que lleva unas bolitas de masa de maíz llamadas "chochoyones" y diferentes verduras. ¡Todos son sabrosos!, ¡todos festivos!

Tamales

Es aconsejable hacer los tamales con antelación, ya que después del tiempo de cocción se deben dejar reposar por lo menos 1 hora y volver a recalentar, esto ayuda a que la consistencia de la masa sea firme y los tamales queden esponjosos y firmes, pero muy suaves.

Si no se espera al reposo, muchos darán la sensación de estar crudos; en algunos casos se ven como mal cuajados. Si usted los saca y abre recién cocidos, encontrará que están como líquidos o mal hechos, esto es porque no se han dejado reposar. Lo ideal es dejarlos reposar, enfriar y volver a calentar, descubrirá qué sabrosos son.

Pescados y mariscos

En cada región del país se desarrolló una especialidad diferente a base de pescados y mariscos, asunto que no debe ser sorprendente debido a la gran extensión litoral con la que el país cuenta en el Golfo de México, parte del mar Caribe y el gran Pacífico mexicano.

Además de las especialidades, también hay algunos pescados que son muy típicos de ciertas regiones, como el huachinango y el robalo del Golfo de México o los atunes, los camarones y la cabrilla del Pacífico. En la península de Yucatán son muy preciados el mero y el boquinete.

En muchas zonas existe una importante producción de pescados. En el área de Ensenada, Baja California, se aprovechan gran cantidad de pescados y mariscos de alta calidad; de hecho, existen granjas de atún, abulón, almejas y ostiones, las cuales tienen las ventajas de que los moluscos crecen en aguas frías y en general en mejores condiciones.

Especialidades regionales

Desde mi punto de vista, existen platillos que se consideran nacionales porque se hacen en todo el país. Sin embargo, hay otros que son típicos de una región, estado o ciudad. En este capítulo hice un pequeño homenaje a todas las especialidades locales que un visitante o aficionado a la cocina regional mexicana no debería perderse.

Cuando viajo a alguna zona de México ya llevo en mente las cosas que voy a probar.

Me gustaría insistir en el hecho de que las recetas no son difíciles de preparar y, aunque se vean muy largas, hay algunas partes de las mismas que se pueden hacer con antelación, para nada más ensamblar el día que las sirva. Hay también algunas recetas que conviene hacer hasta con 2 días de antelación, de esta forma el sabor mejora.

Salsas

La comida mexicana no se puede entender sin las salsas de mesa, ya que son inseparables compañeras de los tacos, y en México se hacen con todo tipo de rellenos. Las salsas varían de región en región, cambian los chiles o se sustituyen los tomates por jitomates.

Hay salsas que son mandatarias en cierto tipo de preparados, como la salsa de chile de árbol, más conocida como "salsa taquera", en los tacos al pastor, o la salsa borracha para los tacos de barbacoa. Así, también encontramos que los tlacoyos y los sopes se acompañan con salsa verde de tomate.

Existe una interminable lista de salsas regionales: en la península de Yucatán predomina el chile habanero; en Tabasco, el chile amashito; en los estados del centro del país, el chile serrano o jalapeño, y en los estados del norte, distintas variedades de chile seco.

También existen recetas nacionales que se encuentran por todo el país, como es el caso de la salsa roja de jitomate, llamada "salsa mexicana", la salsa de chile chipotle o la salsa verde cocida.

Sé que más de uno se preguntará por qué en las recetas que se presentan a continuación nunca menciono el molcajete, quiero decir que yo también lo extraño. A decir verdad, en mi cocina tengo uno que utilizo de vez en cuando. No podemos negar que actualmente la gran mayoría de las salsas se hacen en licuadora, por modernismo y facilidad, pero las de molcajete siempre serán las preferidas. En una de las recetas dejo esta técnica para hacer constancia de que las salsas originales se hacían en este utensilio.

No omito decir que fue muy difícil decidir cuáles salsas se quedarían como las grandes representantes en este capítulo.

Postres

En esta sección sólo presento cuatro de los postres más típicos, aunque debo advertir que de estos mismos existe una gran variedad de versiones por todo el país. Además de los postres, en todas las zonas de México se hacen dulces regionales con frutas frescas; algunos de ellos son pastas o masas muy densas, como los dulces de tamarindo o los ates.

En el centro del país, principalmente en el estado de Puebla, hay una gran tradición dulcera: las cocadas, los famosos camotes poblanos, los borrachitos y otros dulces a base de frutos secos (como nueces, almendras y cacahuates). En Toluca, Estado de México, también existe un enorme arraigo de dulces a base de leche y otros similares a los mencionados en Puebla. En el sureste del país hay variedades particulares, como el de oreja de mico, la papaya, el ciricote, el huapaque, el coco con piña, la piña con camote y el atropellado, entre otros. Cómo olvidar las glorias con nuez de Nuevo León, o las gelatinas que están presentes en todos los cumpleaños junto con el pastel y los tamales de dulce.

Por otro lado, se cuenta con una gran diversidad de frutas frescas; tal vez, la más preciada de todas es el mango, que se considera un postre por sí mismo y que se consigue casi todo el año. Tengo la teoría de que debido a que el sabor de este producto es tan exquisito, no ha habido la necesidad de desarrollar con él otros tipos de postres pesados, como pasteles, cuando se puede tener algo dulce y natural. De la misma forma pueden consumirse otras frutas tropicales, como la guanábana, el mamey, la chirimoya y el zapote negro.

No puede omitirse la variedad de nieves y helados que también existen; la lista sería interminable, incompleta e injusta para muchos lugares donde se consumen, principalmente por el clima caluroso.

Tal vez, el gran ausente en este volumen es el pastel de tres leches, muy popular en todo México, que se empapa con una mezcla de tres diferentes tipos de leches endulzadas y se cubre con merengue o crema batida.

Sumario

Entradas y antojitos | 12

Sopas | 22

Ceviches | 34

Frijoles | 42

Chiles rellenos | 48

Moles | 58

Viaje culinario por México

Tamales | 72

Pescados y mariscos | 82

Especialidades regionales | 94

Salsas | 116

Postres | 126

Recetas básicas | 134

Guacamole clásico

Rendimiento: 6 porciones **Preparación: 10 min** **Costo: 1** **Dificultad: 1**

2 aguacates hass maduros, de unos 250 g cada uno

½ cucharadita de sal

¼ de taza de jitomate maduro picado

½ cucharadita de chile serrano verde fresco picado

3 cucharadas de cebolla blanca picada

2 cucharadas de cilantro fresco picado (opcional)

totopitos (*ver página 140*) (opcional)

- Parta los aguacates por la mitad y retire las semillas. Con una cuchara extraiga toda la pulpa, deseche las cáscaras. Machaque ligeramente la pulpa junto con la sal hasta que quede martajada. Agregue el resto de los ingredientes, mezcle, pruebe y ajuste de sal.
- Sirva a temperatura ambiente o ligeramente frío, acompañado de totopitos de tortillas de maíz.

Queso fundido

600 g de queso para fundir, rallado

   salsa verde cruda (*ver página 123*) o salsa roja
   de jitomate (*ver página 121*)

18 tortillas de harina

   chorizo frito (opcional)

   rajas de chile poblano (*ver página 116*) (opcional)

Rendimiento: 6 porciones   Preparación: 5 min   Cocción: 15 min   Costo: 2   Dificultad: 1
Material específico: 6 cazuelitas de barro, charola para hornear

- Precaliente el horno a 200 °C.
- Rellene cada cazuelita con 100 gramos de queso; colóquelas en una charola y hornee por 10 minutos. Sáquelas del horno, mezcle con un tenedor el interior de cada una y hornee nuevamente por 5 minutos o hasta que el queso se funda totalmente y la superficie se dore. Si desea añadir alguno de los ingredientes opcionales, colóquelos antes de volver a meter los quesos al horno.
- Retire del horno, sirva caliente y acompañe con la salsa verde o roja y las tortillas de harina.

Manitas de puerco
en escabeche

1 kg de manitas de cerdo partidas
   por mitad

2 ℓ de agua

½ cebolla blanca chica en cuarterones

6 dientes de ajo pelados

6 hojas de laurel

12 pimientas negras

1 cucharada de sal

3 tazas de agua

2 cucharadas de sal

2 zanahorias peladas y rebanadas de 1 cm de grosor

6 chiles jalapeños enteros

1 cebolla blanca grande rebanada

2 tazas de vinagre blanco

½ cucharada de orégano seco

   tostadas de maíz (opcional)

Rendimiento: 6 porciones   Preparación: 10 min   Reposo: 1 día   Cocción: 45 min   Costo: 1   Dificultad: 1

- Coloque los primeros siete ingredientes en una olla de presión, tape y cueza a fuego alto; cuando se emita el sonido del vapor baje a fuego medio y deje durante 30 minutos. Las manitas deben estar cocidas y suaves. Corte en cubos pequeños y deseche los huesos y el caldo.
- Elabore un escabeche hirviendo las 3 tazas de agua con la sal, agregue las zanahorias y los chiles. Cocine un par de minutos (deben quedar firmes). Añada la cebolla, el vinagre y el orégano, deje hervir por 2 minutos más y retire del fuego.
- Vierta el escabeche y las verduras sobre las manitas (todo debe quedar sumergido en el líquido). Deje enfriar, tape y refrigere por lo menos 1 día. Pruebe y ajuste de sal. Puede servir sobre tostadas de maíz.

Quesadillas de huitlacoche

Relleno

¼ de taza de aceite de maíz o cártamo

½ taza de cebolla blanca picada

½ cucharadita de ajo picado finamente

200 g de jitomate maduro picado (opcional)

600 g de huitlacoche desgranado

2 cucharadas de hojas de epazote picadas

½ cucharadita de sal (o al gusto)

¼ de taza de agua

Quesadillas

12 tortillas de maíz recién hechas

¼ de taza de manteca de cerdo o aceite de maíz (opcional)

Rendimiento: 12 quesadillas   Preparación: 10 min   Cocción: 25 min   Costo: 2   Dificultad: 1

Relleno

- Caliente el aceite en un sartén a fuego alto hasta que humee; añada la cebolla, deje que se fría. Agregue el ajo, fría unos segundos más (si utiliza el jitomate, añádalo y deje que se cueza) y después incorpore el huitlacoche. Mueva el sartén para que todos los granos se frían. Añada el epazote y la sal, continúe moviendo. Vierta el agua, tape, baje el fuego y deje cocer por 5 minutos. Destape para que se evapore el agua.

- Retire del fuego cuando la apariencia del huitlacoche sea negra y seca pero con su jugo natural. Reserve.

Quesadillas

- Caliente las tortillas en un comal o sartén amplio; coloque en el centro de cada una 2 cucharadas del relleno, doble las tortillas para que éste se caliente y la tortilla se tueste ligeramente.

- Si desea, unte ligeramente cada tortilla con un poco de manteca o aceite para que queden más doradas y crujientes.

Plátanos machos
rellenos

1 kg de plátanos machos maduros

½ taza de harina de trigo (sólo si es necesaria)

½ taza de pan molido (sólo si es necesario)

¾ de taza de frijoles negros refritos (*ver página 46*)

aceite suficiente para freír

salsa ranchera (*ver página 120*)

½ taza de crema espesa

½ taza de queso fresco

Rendimiento: 8 piezas   Preparación: 20 min   Cocción: 1 h   Costo: 1
Dificultad: 1   Material específico: charola para hornear

- Precaliente el horno a 200 °C.
- Corte los extremos de los plátanos y, con la punta de un cuchillo, píquelos en toda la superficie para que no exploten durante el horneado.
- Colóquelos sobre una charola para hornear, tápela con papel aluminio y hornee por 40 minutos. Deje enfriar a temperatura ambiente (si refrigera tendrá que añadir la harina y el pan molido).
- Pele los plátanos y macháquelos hasta obtener un puré.

- Pruebe el puré, sólo en caso de que la consistencia sea muy blanda, añada la harina y el pan molido; la mezcla debe ser dulce, en caso de requerirlo añada azúcar al gusto.
- Con ½ taza de puré, haga una bola y rellénela con 2 cucharadas de frijoles refritos y vuelva a darle forma de bola.
- Caliente el aceite y fría las bolas hasta dorar. Escúrralas sobre papel absorbente. Sírvalas calientes, bañadas con bastante salsa ranchera, 1 cucharada de crema y otra de queso.

Chimichangas
de frijol refrito

¼ de taza de aceite

½ taza de cebolla blanca picada finamente

½ cucharadita de ajo picado finamente

1 taza de jitomate picado finamente, sin piel ni semillas

  sal al gusto

1 pizca de pimienta

2 tazas de frijoles negros de la olla (*ver página 42*)

½ cucharadita de comino

2 chiles chipotles adobados sin semillas, picados y con su jugo

  aceite suficiente para freír

18 tortillas de harina chicas

100 g de queso Chihuahua rallado

Rendimiento: 9 porciones   Preparación: 25 min   Cocción: 20 min   Costo: 1   Dificultad: 2

- Caliente el aceite y fría la cebolla, el ajo y el jitomate; agregue la sal y la pimienta e incorpore los frijoles, el comino y el chile chipotle; mezcle y machaque hasta conseguir una pasta suave.
- Caliente las tortillas (cuide que no se tuesten) y coloque en la orilla de una de ellas 2 cucharadas de frijoles y 1 de queso; enróllela como para hacer un taco, doble los extremos hacia adentro y siga enrollando hasta llegar a la otra orilla (debe obtener una especie de cilindro).

Sujete las orillas con un palillo para que no se deshaga al freírse. Repita este paso con el resto de las tortillas y del relleno.

- Fría las chimichangas en abundante aceite caliente (tenga cuidado, ya que se doran rápidamente; debe sujetarlas con una pala para que no floten y no se desenrollen). Cuando se doren, retírelas y colóquelas sobre servilletas de papel para eliminar el exceso de aceite.
- Sírvalas de inmediato y acompáñelas con la salsa de su preferencia.

Sikil p'ak

INGREDIENTES

1 ½ tazas de pepita chinchilla o verde tostada

1 jitomate maduro grande asado

½ chile habanero asado sin semillas ni venas

⅔ de taza de agua

1 cucharadita de sal

¼ de taza de cilantro finamente picado

2 cucharadas de cebollina picada finamente

Rendimiento: 6 porciones   Preparación: 5 min   Costo: 1   Dificultad: 1

PROCEDIMIENTO

- Licue las pepitas, el jitomate, el chile, el agua y la sal hasta obtener una pasta tersa. Eventualmente, tendrá que detener el motor de la licuadora para mezclar desde el fondo con una cuchara (no añada más agua, la mezcla debe ser espesa).
- Vierta la mezcla en un tazón pequeño, incorpore el cilantro y la cebollina; pruebe y ajuste de sal.

CONSEJO

- La cebollina (*Allicum scaposun Benth*) puede sustituirse por cebollín.

Sopes

INGREDIENTES

3 cucharadas de manteca de cerdo

6 sopes

1 taza de frijoles refritos (*ver página 46*)

1 receta de salsa verde cruda (*ver página 123*) o salsa roja de jitomate (*ver página 121*)

2 tazas de lechuga rebanada finamente

1 taza de pollo cocido y deshebrado

3 cucharadas de cebolla blanca picada

⅓ de taza de cilantro picado (opcional)

6 cucharadas de crema espesa (opcional)

6 cucharadas de queso fresco rallado

Rendimiento: 6 porciones   **Preparación: 10 min**   **Cocción: 10 min**   **Costo: 1**   **Dificultad: 1**

PROCEDIMIENTO

- Caliente la manteca en un sartén y coloque boca abajo los sopes para que se calienten y se frían. Voltéelos y ponga sobre cada uno frijoles refritos, asegurándose de que cubran todo el interior.
- Agregue un poco de salsa, lechuga, pollo, cebolla, cilantro, crema y queso. Cuando haya terminado de rellenar cada uno de los sopes, ya deben estar calientes. En caso contrario, espere algunos segundos para que el sope quede ligeramente dorado.
- Colóquelo un par de segundos sobre una servilleta de papel para retirar el exceso de grasa y sirva inmediatamente.

Arroz blanco / rojo

Arroz blanco

- 1 ½ tazas de arroz
- ¼ de taza de cebolla blanca picada en grueso
- 1 ½ dientes de ajo pelados
- 1 ½ tazas de agua fría
- ¼ de taza de aceite de maíz
- 1 ¾ tazas de agua caliente
- ¼ de cucharadita de jugo de limón
- 1 chile güero (opcional)
- 2 ramas de perejil lacio
- ½ cucharada de sal (o al gusto)

Arroz rojo

- 1 ½ tazas de arroz
- 1 jitomate grande (de 350 a 400 g) bien maduro, troceado
- 2 dientes de ajo chicos, pelados
- 3 cucharadas de cebolla blanca picada
- ¼ de taza de aceite de maíz o de girasol
- 3 tazas de agua caliente
- ¼ de taza de zanahoria en cubitos (una pequeña)
- ¼ de taza de chícharos, sin vaina
- ½ cucharada de sal
- 3 chiles serranos verdes enteros

**Rendimiento: 6 porciones   Preparación: 10 min   Cocción: 45 min
Reposo: 10 min   Costo: 1   Dificultad: 2**

Arroz blanco

- Enjuague el arroz en suficiente agua, moviendo con las manos durante algunos segundos. Cuélelo y repita este paso 2 veces más. Escurra; debe quedar lo más seco posible. Licue la cebolla, el ajo y el agua fría hasta que queden muy tersos, reserve.
- Caliente el aceite a fuego medio, añada el arroz, mezcle lenta y constantemente hasta que se vea frito; asegúrese de no dorarlo (15 minutos aproximadamente. Se sabe que está listo cuando el arroz empieza a tronar).
- Añada el licuado de la cebolla. Mezcle suavemente para incorporar todo, procurando no batir el arroz.
- Agregue el agua caliente, el jugo de limón, el chile güero y las ramas de perejil; continúe cociendo a fuego alto hasta que todo el preparado burbujee. Baje el fuego, añada la sal, mezcle y pruebe. Tape y cueza de 25 a 30 minutos, hasta que el agua se haya evaporado, pero que el arroz se vea ligeramente húmedo. Debe estar cocido y suave al tacto.
- Retire del fuego y deje reposar por lo menos 10 minutos. Retire y deseche el perejil.

Arroz rojo

- Lave el arroz como se indica en la receta de arroz blanco. Licue sin agua el jitomate, el ajo y la cebolla hasta obtener una salsa muy tersa, que al colarla no deje prácticamente nada de bagazo. Reserve.
- Caliente el aceite a fuego alto, fría el arroz sin dejar de mover hasta que quede ligeramente dorado. Añada el licuado de jitomate y mueva lentamente para que éste se cueza unos segundos. Vierta el agua caliente, la zanahoria, los chícharos, la sal y los chiles serranos. Tape la olla y, cuando empiece a hervir, pruebe el agua y si falta sal añada más. Baje la llama a fuego bajo, tape y deje cocinar de 25 a 30 minutos.
- A la mitad de la cocción revise que el arroz no esté apretado, mueva con cuidado todo el preparado para que esponje más y se le impregne el licuado de jitomate (de lo contrario, puede quedar pálido de un lado porque el jitomate tiende a irse a las orillas de la olla y no teñir uniformemente el arroz).
- Apague y deje reposar durante 10 minutos para que se termine de cocer con su propio calor.

Crema de flor de calabaza

INGREDIENTES

Crema de flor de calabaza

- 60 flores de calabaza
- 2 ℓ de agua
- 2 ℓ de agua fría con hielos
- 3 cucharadas de mantequilla sin sal
- ½ taza de cebolla blanca picada
- ¼ de taza de harina de trigo
- 1 ½ ℓ de caldo de pollo (*ver página 134*)
- 1 taza de crema para batir o crema de rancho
- 1 cucharadita de sal (o al gusto)

Guarniciones

- rajas de chile poblano (*ver página 116*) (opcional)
- 150 g de queso panela cortado en cubos de 1 cm por lado (opcional)
- ⅔ de taza de granos de elote cocidos (opcional)
- 6 cucharadas de crema espesa

Rendimiento: 6 porciones   Preparación: 15 min   Cocción: 5 min   Costo: 2   Dficultad: 1

PROCEDIMIENTO

- Retire el tallo de las flores dejando unos 2 centímetros cercanos al cáliz (el resto del tallo se puede utilizar como verdura o adorno para sopas).
- Desprenda los sépalos que están alrededor de la flor (los que forman una especie de "corona").
- En el centro de la flor encontrará el pistilo amarillo, el cual debe dejar intacto; es importante, debido a que aporta sabor y color. Cerciórese de que en el interior no haya algún insecto o gusano.
- Hierva el agua, añada las flores y cuézalas por 1 minuto, asegurándose de sumergirlas bien en el agua, pues tienden a flotar. Retire del fuego, drénelas, deseche el agua caliente e inmediatamente sumérjalas en el agua fría con hielos; deje que se enfríen, drene, píquelas y reserve.
- Caliente la mantequilla y fría la cebolla, agregue las flores de calabaza, deje cocer por 3 minutos, añada la harina y mueva hasta que se dore ligeramente. Incorpore el caldo y deje hervir, agregue la crema, la sal y cueza durante 5 minutos más. Ajuste de sal, retire del fuego, deje enfriar un poco, licue, cuele y reserve para volver a calentar antes de servir la sopa.
- Sirva equitativamente en cada tazón los cubos de queso panela, las rajas de chile poblano y unas 2 cucharadas de granos de elote. Vierta encima la sopa caliente y adorne la superficie con la crema.

Sopa de caldo de pollo

Caldo de pollo

2 ℓ de caldo de pollo

2 zanahorias cortadas en trozos de 2 cm de grosor

3 calabacitas cortadas en trozos de 2 cm de grosor

100 g de ejote cortado en trozos de 3 cm de largo

1 papa grande pelada y cortada en cubos de 2 cm por lado

1 taza de pollo cocido y deshebrado

1 taza de arroz blanco o rojo cocido (*ver página 22*)

3 ramas de cilantro

Guarniciones

6 cucharaditas de cilantro picado

6 cucharaditas de cebolla blanca picada

6 cucharaditas de chile verde serrano picado

3 limones partidos por mitad

Rendimiento: 6 porciones   **Preparación: 5 min**   **Cocción: 20 min**   **Costo: 1**   **Dificultad: 1**

- Hierva el caldo con las verduras durante 20 minutos aproximadamente o hasta que se cuezan. En los últimos minutos de cocción añada el pollo, el arroz y las ramas de cilantro; pruebe y ajuste de sal.
- Sirva caliente sin las ramas de cilantro, procurando que cada tazón contenga todas las verduras. Acompañe con las guarniciones aparte para que cada comensal se sirva al gusto.

Caldo de hongos silvestres

INGREDIENTES

250 g de hongo duraznillo

250 g de hongo escobetilla o patita de pájaro

250 g de hongo enchilado

250 g de hongo tejamanil o señorita

250 g de hongo trompeta

5 cucharaditas de aceite de maíz

5 cucharadas de cebolla blanca picada finamente

1 ¼ cucharaditas de ajo picado finamente

2 ½ ramas de epazote

sal, la necesaria

1 ℓ de caldo de pollo (*ver página 134*)

1 taza de tiritas de tortilla fritas (*ver página 139*) (opcional)

crema espesa (opcional)

Rendimiento: 8 porciones   Preparación: 20 min   Cocción: 35 min   Costo: 2   Dificultad: 1

PROCEDIMIENTO

- Limpie los hongos con las manos o con una servilleta húmeda. Trócelos con las manos, procurando dejar pedazos grandes del tamaño de un bocado. No los revuelva y manténgalos separados.
- En un sartén mediano caliente 1 cucharadita de aceite a fuego alto hasta que humee ligeramente; añada 1 cucharada de cebolla e inmediatamente ¼ de cucharadita de ajo. Mueva durante unos 5 segundos, añada un tipo de hongo, deje que se fría ligeramente y mezcle de vez en cuando, hasta que se cueza y empiece a soltar su propio jugo.

- Añada ½ rama de epazote, retire del fuego y coloque en la olla donde cocinará la sopa.
- Repita el paso anterior con los otros 4 tipos de hongos. Al final deberá tener los 5 hongos salteados juntos. Vierta el caldo de pollo, deje hervir durante 2 minutos, apague y recaliente al momento de servir.
- Sirva la sopa bien caliente, procurando poner bastantes hongos en cada plato; adorne la superficie con tiritas de tortilla fritas y un poco de crema espesa si lo desea.

Sopa de milpa

Sopa

3 cucharadas de mantequilla sin sal

⅓ de taza de cebolla blanca picada finamente

2 tazas de granos de elote tiernos

2 ℓ de caldo de pollo (*ver página 134*)

1 calabacita chica cortada en cubitos de 1 cm por lado

40 flores de calabaza troceadas

½ taza de rajas de chile poblano (*ver página 116*)

8 hojas de epazote fresco picadas

sal al gusto

Guarniciones

1 ½ tazas de tiritas de tortilla fritas (*ver página 139*)

1 ½ tazas de queso panela o queso fresco (opcional)

8 flores de calabaza

Rendimiento: 8 porciones | **Preparación: 15 min** | **Cocción: 25 min** | **Costo: 2** | **Dificultad: 1**

- Derrita la mantequilla en una olla y fría la cebolla. Agregue los granos de elote, añada el caldo, tape y deje cocinar durante unos 20 minutos, hasta que el elote esté cocido. Añada la calabacita, las flores de calabaza, el chile y el epazote; cueza por 5 minutos más. Verifique la sal.
- Sirva en platos hondos la sopa caliente con todos sus ingredientes, adorne con las tiritas de tortilla fritas, el queso y 1 flor de calabaza.

Sopa de habas

Sopa de habas

250 g de habas secas peladas

2 cucharadas de aceite de oliva

½ taza de cebolla blanca picada finamente

2 cucharaditas de ajo picado finamente

1 taza de jitomate picado

2 tazas de nopales cortados en cubos

5 ramas frondosas de cilantro picadas

2 cucharaditas de sal (o al gusto)

Guarniciones

6 cucharadas de aceite de oliva extra virgen

6 cucharadas de chorizo frito

6 cucharaditas de cilantro fresco picado

Rendimiento: 6 porciones   Preparación: 15 min   Cocción: 50 min   Costo: 2   Dificultad: 1

- En una olla de presión cueza las habas en 2 litros de agua durante unos 30 minutos (en caso de utilizar olla normal serán unas 2 horas), es normal que las habas se deshagan. Asegúrese de tener por lo menos 1 ½ litros de caldo al final de la cocción.
- Por separado, caliente el aceite; fría la cebolla y el ajo ligeramente, añada el jitomate, fría durante 5 minutos e incorpore esta salsa a la sopa. Agregue los nopales, el cilantro y la sal; deje hervir por 15 minutos más.
- Sirva la sopa en tazones, adorne cada uno con un manchón de aceite de oliva, el chorizo y el cilantro picado.

Sopa de lima

INGREDIENTES

- 1 cucharadita de recado de toda clase (*ver página 139*)
- 1 cucharadita de sal (o al gusto)
- 2 ½ ℓ de caldo de pollo (*ver página 134*) o de agua hirviendo
- 1 pechuga de pollo con hueso y sin piel, de unos 300 g
- 3 cucharadas de aceite de maíz
- ¼ de taza de cebolla blanca picada
- 3 cucharadas de chile dulce o pimiento morrón verde picado
- 1 jitomate grande pelado, sin semillas y picado
- 2 tazas de tiritas de tortilla fritas (*ver página 139*)
- 1 lima cortada en 6 rodajas lo más delgadas que sea posible
- 6 cucharadas de jugo de lima, recién hecho al momento de servir
- 1 cucharadita de ralladura de lima, recién hecha al momento de servir (opcional)

Rendimiento: 6 porciones   Preparación: 20 min   Cocción: 30 min
Reposo: 10 min   Costo: 2   Dificultad: 2

PROCEDIMIENTO

- Disuelva el recado y la sal en el caldo. Añada la pechuga, tape y cocine hasta que el pollo esté cocido. Retire del caldo, deseche el hueso y deshebre la carne. Pruebe y ajuste de sal el caldo y reserve por separado de la carne.
- En un sartén, caliente el aceite y fría la cebolla ligeramente. Añada el chile y el jitomate, y cueza hasta que el jugo del jitomate se haya evaporado. Retire del fuego y reserve (deberá obtener ½ taza de este preparado de jitomate).
- Coloque una porción de pollo deshebrado en cada tazón (40 gramos aproximadamente), 3 cucharadas de tiritas de tortilla fritas, 1 cucharada copeteada de preparado de jitomate, 1 rodaja de lima, 1 cucharada de jugo de lima y 1 pizca de ralladura de lima. Añada el caldo bien caliente y sirva inmediatamente.

Sopa de tortilla

Sopa de tortilla

3 chiles guajillos sin semillas ni venas

2 tazas de agua caliente

½ kg de jitomate maduro troceado

1 diente de ajo grande troceado

¼ de taza de cebolla blanca picada

3 cucharadas de aceite

6 tortillas fritas

3 tazas de caldo de pollo (*ver página 134*)

3 ramas frondosas de epazote, únicamente las hojas

sal al gusto

Guarniciones

1 ½ tazas de tiritas de tortilla fritas (*ver página 139*) o totopitos (*ver página 140*)

250 g de queso fresco cortado en cubitos de 1 cm por lado

1 chile pasilla cortado en aritos delgados y fritos

1 aguacate rebanado

6 cucharadas de crema espesa

Rendimiento: 6 porciones   Preparación: 15 min   Cocción: 25 min   Costo: 2   Dificultad: 1

- Rompa los chiles con las manos y cuézalos en el agua caliente unos 20 minutos hasta que estén muy suaves. Lícuelos con el jitomate, el ajo y la cebolla hasta lograr un puré tan fino que no se tenga que colar.
- Caliente el aceite y fría la salsa de los chiles, deje cocer por 10 minutos.
- Mientras tanto, rompa las tortillas y lícuelas con el caldo de pollo hasta que queden molidas.
- En la olla donde hará la sopa, vierta los dos licuados y el epazote, deje cocinar por 10 minutos, pruebe y ajuste de sal. En este paso usted debe tener 1 ½ litros de sopa, el caldo no debe ser muy aguado; si es necesario, reduzca un poco sobre el fuego.
- En cada tazón reparta ¼ de taza de tiritas de tortilla fritas y los cubitos de queso; vierta el caldo y termine adornando con el chile pasilla, el aguacate y la crema espesa.

Ceviche blanco

INGREDIENTES

½ kg de filete de pescado limpio, cortado en cubitos de 1 cm

1 taza de jugo de limón

½ taza de cebolla morada o blanca picada

1 taza de jitomate cortado en cubitos de ½ cm

½ taza de cilantro picado

2 cucharaditas de chile serrano verde picado o en rodajas

1 cucharadita de sal (o al gusto)

1 aguacate grande

6 cucharadas de aceite de oliva

totopitos (*ver página 140*) o tostadas de maíz

Rendimiento: 6 porciones	Preparación: 15 min	Marinación: 2 h	Costo: 2	Dificultad: 1

PROCEDIMIENTO

- Marine el pescado en el jugo de limón durante 2 horas. Añada la cebolla, el jitomate, el cilantro, el chile y la sal. Mezcle cuidadosamente para que el pescado no se deshaga.
- Escurra el ceviche para desechar la mayor cantidad posible de jugo de limón, pero sin que quede totalmente seco.
- Sirva cada porción con rebanadas o cubitos de aguacate y 1 cucharada de aceite de oliva; acompañe con totopitos o tostadas de maíz.

Vuelve a la vida

INGREDIENTES

½ kg de camarón pacotilla cocido

100 g de pulpa de jaiba bien limpia

100 g de pulpo cocido cortado en trocitos

18 ostiones grandes desconchados, con su agua,
si es posible

¼ de taza de cebolla blanca picada finamente

¼ de taza de cilantro picado

1 chile chipotle adobado, sin semillas y molido

1 taza de salsa cátsup

2 cucharadas de jugo de limón

2 cucharaditas de sal

1 aguacate grande, cortado en cubitos

6 ramas de cilantro

6 cucharadas de aceite de oliva

Rendimiento: 6 porciones   **Preparación: 15 min**   **Marinación: 2 h**   **Costo: 2**   **Dificultad: 1**

PROCEDIMIENTO

- Mezcle en un tazón los diez primeros ingredientes; deje en refrigeración hasta el momento de servir.
- Coloque en cada copa una porción del preparado; adorne con el aguacate, el cilantro y el aceite de oliva.

Aguachile

100 g de camarones frescos pelados

1 chile serrano cortado en tiras lo más finamente posible

3 cucharadas de jugo de limón

⅛ de cucharadita de pimienta negra recién molida

2 cucharadas de agua fría

sal al gusto

Rendimiento: 1 porción   Preparación: 15 min   Marinación: 1-3 min   Costo: 2   Dificultad: 1

- Corte el lomo del camarón para extraer la vena negra que corre a lo largo de su cuerpo y enjuáguelo. Continúe el corte hasta llegar al otro extremo pero sin atravesarlo, pues tendrá que abrirlo en forma de "mariposa"; aplánelo ligeramente con la punta del cuchillo y presiónelo un poco con la palma de la mano para que quede más plano. Repita este paso con el resto de los camarones. Enjuáguelos hasta que estén bien limpios y escúrralos. Resérvelos en refrigeración, en platos pequeños donde los va a servir.
- En un tazón mezcle el chile, el jugo de limón, la pimienta, el agua y la sal hasta que se haya diluido totalmente.
- Vierta la mezcla de limón sobre los camarones justo antes de servir. Éstos no deben estar más de 5 minutos en la marinada. Acompañe con tostadas.

CONSEJO

- La temperatura a la que se sirve debe ser fría; esto es muy importante para que el sabor no desmerezca.

Tiritas de pescado

½ kg de filete de robalo

½ taza de jugo de limón

3 chiles serranos sin venas ni semillas, cortados en tiras finas

½ taza de cebolla morada cortada en rebanadas delgadas

1 cucharada de sal

1 cucharadita de pimienta negra recién molida

2 cucharaditas de orégano seco

totopitos (*ver página 140*)

Rendimiento: 6 porciones   **Preparación: 15 min**   **Marinación: 2 h**   **Costo: 2**   **Dificultad: 1**

PROCEDIMIENTO

- Corte el pescado en tiritas de entre 3 y 5 centímetros de largo y ½ de grosor (asegúrese de que no queden muy gruesas, ya que el jugo de limón tocará el pescado sólo unos instantes y debe tener el mayor contacto posible con toda la pulpa). Guárdelo en el refrigerador en un recipiente con tapa.
- Justo antes de servir, bañe el pescado con el jugo de limón, añada los chiles, la cebolla, la sal, la pimienta y el orégano. Mezcle muy bien y verifique la sal.
- Si lo sirve inmediatamente, lo puede llevar a la mesa con el jugo de limón; si lo hace con unos minutos de antelación, deberá escurrir el jugo, de lo contrario el limón cocerá totalmente el pescado y el ceviche perderá su sutileza (el pescado sólo debe estar unos instantes en el jugo de limón y no permanecer en él).
- Sirva con los totopitos.

Ceviche
de sierra y camarón

viii

INGREDIENTES

½ kg de sierra limpia, cortada en cubitos de 2 cm

1 taza de jugo de limón

1 ½ cucharaditas de ajo picado finamente

1 taza de cebolla blanca picada finamente

1 cucharada de sal

2 tazas de salsa cátsup

½ taza de cilantro picado

2 cucharadas de adobo de chile chipotle de lata

1 ½ tazas de jitomate picado

1 cucharadita de sal

½ kg de camarón pacotilla cocido

1 aguacate hass cortado en cubitos (opcional)

totopitos (*ver página 140*)

Rendimiento: 6 porciones   **Preparación: 15 min**   **Marinación: 2 h**   **Costo: 2**   **Dificultad: 1**

PROCEDIMIENTO

- Coloque el pescado en un tazón amplio; agregue encima el jugo de limón, el ajo, la mitad de la cebolla y la cucharada de sal. Mezcle todo muy bien, tape y guarde en el refrigerador por lo menos 2 horas, o un día (el pescado deberá quedar totalmente cocido por el limón).
- Coloque el pescado en un colador para que quede lo más seco posible (pueden pasar varios minutos antes de que deje de gotear). No lo presione porque se puede despedazar.

- En otro recipiente amplio mezcle la salsa cátsup con el cilantro, el resto de la cebolla, el adobo de chile chipotle, el jitomate picado y la sal.
- Añada el camarón pacotilla e integre todo muy bien; agregue el pescado y vuelva a mezclar cuidadosamente para que no se despedace.
- Sírvalo con los cubos de aguacate y totopitos a un lado.

CONSEJO

- Puede servirlo inmediatamente o guardarlo tapado en el refrigerador hasta el momento de servir. El ceviche debe estar frío. Una vez preparado, se conserva hasta 2 días.

Frijoles de la olla / puercos

Frijoles de la olla

- 2 ramas frondosas de epazote
- ½ kg de frijoles limpios
- 2 tazas de cebolla blanca picada
- 2 dientes de ajo picados
- 3 cucharadas de manteca de cerdo
- 3 ℓ de agua
- sal al gusto

Frijoles puercos

- ¼ de taza de manteca de cerdo
- ½ taza de cebolla blanca picada
- 2 cucharaditas de ajo picado
- 1 pieza de chorizo (de 12 cm de largo aproximadamente)
- 1 taza de jitomate picado
- 2 tazas de frijoles de la olla, sin caldo
- ½ taza del caldo de frijol
- 250 g de queso Chihuahua rallado

**Rendimiento (de la olla): 6 porciones Rendimiento (puercos): 4 porciones Preparación: 10 min
Cocción (de la olla): 35 min Cocción (puercos): 15 min Costo (de la olla): 1 Costo (puercos): 2 Dificultad: 1**

Frijoles de la olla

- Retire las hojas de la rama del epazote y píquelas. Reserve.
- Coloque los frijoles, la cebolla, el ajo, la manteca, el agua y el epazote dentro de una olla de presión, cierre y ponga sobre el fuego (por lo general los frijoles tardan en cocerse de 30 a 35 minutos a partir de que empieza a escapar el vapor y la válvula comienza a moverse).
- Pasado el tiempo de cocción, retire del fuego y deje enfriar por completo. Destape la olla, sale al gusto y ponga a hervir para que se integren los sabores.
- Puede comer los frijoles como sopa, para acompañar algún otro platillo o para servir de base en alguna otra receta.

C O N S E J O S

- Al final debe obtener 6 tazas de grano cocido y 5 tazas de caldo.
- En caso de no contar con una olla de presión, cuézalos en una cacerola u olla de barro durante 2 o 3 horas hasta que los frijoles estén totalmente suaves.

Frijoles puercos

- En un sartén amplio caliente la manteca, fría la cebolla y después el ajo por unos segundos. Añada el chorizo despedazado y continúe friendo hasta que esté totalmente dorado. Agregue el jitomate y deje que se cueza por 8 minutos aproximadamente.
- Añada al sartén los frijoles, mezcle bien y machaque todos los ingredientes hasta obtener una pasta suave. Agregue 150 gramos de queso, mezcle otra vez muy bien, retire del fuego y sirva los frijoles calientes en un platón amplio adornando con el resto del queso.

Frijoles **charros**

250 g de frijoles bayos

3 ℓ de agua

100 g de tocino rebanado y cortado en trozos de 1 cm de largo

150 g de longaniza o chorizo cortado en trozos de 3 cm de largo

150 g de cebolla blanca picada

1 cucharada de ajo picado finamente

200 g de jitomate picado

3 chiles de árbol secos, enteros

½ taza de cilantro fresco picado

sal al gusto

Guarniciones (opcional)

50 g de chicharrón partido en trocitos

2 cucharadas de chile jalapeño picado finamente

¼ de taza de cebolla blanca picada finamente

4 limones partidos por mitad

Rendimiento: 6 porciones **Reposo: 1 noche** **Preparación: 10 min**
Cocción: 20 min a 2 h **Costo: 1** **Dificultad: 1**

PROCEDIMIENTO

- Coloque los frijoles en una olla, cúbralos con agua fría y déjelos remojar toda la noche para que se hidraten. Drene y deseche el agua.
- Cueza los frijoles con agua hasta que estén suaves; en olla de presión, por 20 minutos, y en una olla normal, 2 horas. (En caso de no remojarlos previamente, el tiempo de cocción aumentará.)
- Fría el tocino en una cazuela a fuego medio hasta que se dore ligeramente y suelte su grasa; agregue la longaniza o el chorizo, deje dorar un poco y añada la cebolla, el ajo, el jitomate y los chiles; deje que todo se sofría muy bien.

- Cuando los frijoles estén cocidos y suaves, añada el sofrito del tocino al caldo y deje cocer durante 20 minutos más.
- Pruebe, ajuste de sal y agregue el cilantro poco antes de servir los frijoles.
- Sirva bien caliente en platos hondos o tazones procurando que en cada uno haya suficientes frijoles, tocino, longaniza y componentes del preparado.
- De esta forma, el platillo está completo; los comensales pueden añadir las guarniciones al gusto.

Frijoles refritos / maneados

Frijoles refritos

- 3 tazas de frijoles de la olla (*ver página 42*)
- 3 tazas de caldo de frijol (*ver página 42*)
- ⅓ de taza de manteca de cerdo
- 2 cucharadas de cebolla blanca picada finamente

Frijoles maneados

- ¼ de taza de manteca de cerdo o aceite de maíz
- 3 tazas de frijoles bayos de la olla, sin caldo (*ver página 42*)
- ¾ de taza de caldo de frijol (*ver página 42*)
- ½ taza de crema espesa
- 150 g de queso Chihuahua rallado

Rendimiento: 6 porciones   Preparación: 10 min   Cocción (refritos): 25 min
Cocción (maneados): 10 min   Costo: 1   Dificultad: 1

PROCEDIMIENTO

Frijoles refritos

- Licue la mitad de los frijoles con la mitad del caldo hasta que estén bien molidos y pasen sin problemas por el colador. Haga lo mismo con el resto de los frijoles y del caldo.
- En un sartén amplio y de fondo grueso, caliente la manteca a fuego alto, espere a que humee ligeramente y fría la cebolla hasta que esté muy dorada, casi negra. Añada los frijoles licuados y mueva constantemente, de lo contrario se pegarían al fondo; la preparación espesará en unos minutos. Después de un tiempo notará que los frijoles se habrán vuelto una masa que se mantiene unida; ésa es la consistencia deseada.
- Mueva el sartén de forma que la gran tortilla de frijoles se enrolle o se doble sobre sí misma, para que al bajarla a un platón tome forma de bolillo o de rollo. Sirva caliente o a temperatura ambiente.

CONSEJO

- Puede adornar los frijoles refritos con rebanadas de plátano macho fritas, totopitos y queso fresco.

Frijoles maneados

- En un sartén caliente la manteca y, cuando empiece a humear ligeramente, añada los frijoles y macháquelos con energía hasta que queden bien martajados. Durante el proceso puede añadir el caldo de frijol, pero procure que no queden demasiado aguados porque todavía añadirá más ingredientes.
- Cuando hayan tomado la consistencia de frijoles refritos, añada la crema y el queso; mezcle constantemente para incorporarlos por completo.
- Sirva los frijoles calientes en un platón y adorne con más queso.

Chiles en nogada de Atlixco

INGREDIENTES

Picadillo

- ¼ de taza de aceite de maíz
- 6 dientes de ajo cortados por mitad
- 1 taza de cebolla blanca picada finamente
- 1 kg de carne de cerdo molida (pasada por el molino una sola vez)
- 2 cucharaditas de sal
- 1 taza de agua
- 3 cucharadas de aceite de maíz
- 1 kg de jitomate licuado y colado
- ½ taza de almendras peladas y partidas por mitad
- ¾ de taza de pasitas negras picadas
- 20 aceitunas verdes enjuagadas y cortadas en 4 partes
- 2 cucharadas de perejil fresco picado finamente

- 4 clavos de olor
- 1 raja de canela de 3 cm de largo
- 30 g de pimienta negra
- ¼ de taza de aceite de maíz (para freír las frutas)
- 4 tazas de manzana panochera cortada en cubitos
- 4 tazas de peras de San Juan cortadas en cubitos
- 4 tazas de duraznos amarillos cortados en cubitos
- 1 cucharada de azúcar
- 2 tazas de aceite (para freír los plátanos)
- 4 tazas de plátano macho cortado en cubitos
- 1 taza de acitrón cortado en cubitos (1 cuadro de acitrón)

- 100 g de piñones rosa pelados
- 2 cucharadas de vinagre blanco

Chiles

- 25 chiles poblanos limpios (*ver página 136*)
- 1 receta de capeado (*ver página 135*)

Nogada

- 1 taza de almendras peladas y remojadas en agua
- 400 g de queso de cabra poblano (2 piezas) o de queso fresco
- 8 tazas de nueces de Castilla limpias (1.2 kg, 200 nueces aproximadamente)
- 5 tazas de agua fría

Presentación

- 2 granadas rojas desgranadas (2 tazas de granos)
- ramas de perejil

Rendimiento: 25 chiles   **Preparación: 1 h y 20 min**   **Cocción: 1 h**   **Costo: 3**   **Dificultad: 3**

PROCEDIMIENTO

Picadillo

- Caliente el ¼ de taza de aceite y fría 2 dientes de ajo hasta que queden totalmente dorados; deséchelos. Acitrone en el mismo aceite ½ taza de cebolla; añada la carne, la sal y el agua, tape y cueza hasta que la carne esté tierna, aproximadamente 5 minutos. Destape para que toda el agua se evapore y, de ser posible, la carne se dore un poco.
- Mientras el agua de la carne se evapora, en otro sartén caliente las 3 cucharadas de aceite, dore 2 dientes de ajo y deséchelos. Acitrone la cebolla restante, añada el jitomate y deje cocer por unos minutos. Agregue las almendras, las pasitas, las aceitunas y el perejil; deje cocer por 2 minutos.

- Muela los clavos, la canela y la pimienta, añádalos al jitomate y retire el sartén del fuego.
- Vierta la mezcla de jitomate a la carne, deje que se integren los sabores por 5 minutos y retire del fuego.
- En otro sartén, caliente el ¼ de taza de aceite, dore los 2 ajos restantes y deséchelos. Fría la manzana, la pera y el durazno. Tape y deje cocer por algunos minutos, cuidando que los cubos se conserven enteros. Añada el azúcar y, en caso de que las frutas estén ácidas, agregue un poco más de azúcar, ya que la mezcla debe ser dulce.
- Por separado, caliente las 2 tazas de aceite y fría el plátano hasta que se dore ligeramente (reserve el aceite para freír los chiles capeados).

- Mezcle la carne con las frutas fritas, el acitrón, los piñones y el vinagre (el relleno no debe quedar deshecho).

Chiles

- Seque el interior de los chiles y rellénelos con el picadillo. Si siente que el picadillo es muy pesado o los chiles están muy abiertos, ciérrelos con la ayuda de palillos.
- Capéelos y fríalos de acuerdo con la receta de capeado (*ver página 135*).

Nogada

- Con 1 o 2 noches de antelación, remoje las almendras en agua fría dentro del refrigerador (notará cómo se hidratan, se hinchan y adquieren un color marfil; esto hace que su sabor sea muy parecido al de la nuez fresca).

- Mezcle todos los ingredientes en un tazón, excepto el agua; licue la mitad de la mezcla y luego la otra para evitar que se derrame del vaso de la licuadora. Utilice el agua necesaria para obtener una salsa no aguada y con consistencia (si siguió todos los pasos, utilizará casi toda el agua). La receta es exacta, por lo que se recomienda no alterar las cantidades. Ésta es una de las salsas de nogada más finas que existen; no es del tipo de salsa empalagosa con apariencia de crema batida que venden comercialmente en los restaurantes.

Presentación

- Coloque los chiles en un platón. Báñelos parcialmente con la nogada para que se vea algo del capeado. Adorne con las hojas de perejil y los granos de granada.

Chiles en nogada contemporáneos

INGREDIENTES

Picadillo

¼ de taza de aceite de maíz

1 cucharada de ajo picado finamente

1 taza de cebolla blanca picada finamente

1 taza de jitomate molido y colado

½ kg de carne de res molida

1 cucharadita de canela en polvo

¼ de cucharadita de clavo de olor molido

½ cucharada de tomillo seco (sólo las hojas)

½ cucharadita de orégano

¼ de taza de pasitas

¼ de taza de almendras peladas y picadas

2 tazas de plátano macho cortados en cubitos (3 plátanos, aproximadamente)

1 taza de duraznos amarillos picados (8 duraznos grandes, aproximadamente)

1 cucharadita de pimienta negra recién molida

1 cucharada de sal

Chiles

¼ de taza de aceite de maíz

¼ de cebolla blanca fileteada

8 chiles poblanos limpios (*ver página 136*)

Nogada

12 nueces de Castilla frescas peladas

50 g de almendras peladas

1 taza de crema para batir

190 g de queso crema untable

3 cucharadas de jerez fino muy seco

2 cucharadas de azúcar

Presentación

hojas de perejil

1 granada roja desgranada

1 taza de nuez fresca o pacana

Rendimiento: 8 porciones **Preparación: 20 min** **Cocción: 25 min** **Costo: 3** **Dificultad: 2**

PROCEDIMIENTO

Picadillo

- Caliente el aceite y fría el ajo, añada la cebolla hasta que se dore ligeramente e incorpore el jitomate. Cueza durante 15 minutos aproximadamente.
- Añada la carne, espere a que se cueza y agregue los demás ingredientes. Verifique la sal, retire del fuego y deje enfriar por 20 minutos.

Chiles

- Caliente el aceite hasta que humee. Fría la cebolla hasta que casi se queme. Fría los chiles brevemente (unos 30 segundos por cada lado). Escúrralos sobre servilletas de papel y rellénelos con el picadillo.

Nogada

- Licue las nueces, las almendras y la crema. Añada el queso y continúe licuando. Incorpore poco a poco el jerez y el azúcar.
- Durante el tiempo de licuado es necesario parar las aspas de vez en cuando, revolver la mezcla con una espátula y continuar licuando mientras añade los demás ingredientes. No altere las cantidades, ya que la receta es exacta.

Presentación

- Coloque los chiles en un platón o en platos individuales. Báñelos con la nogada y adorne con hojas de perejil y granos de granada y nueces.

Chiles jalapeños rellenos de minilla

Chiles

15 chiles jalapeños extra grandes limpios (*ver página 136*)

agua suficiente para cocer los chiles

¼ de taza de vinagre blanco

2 cucharadas de sal

1 kg de azúcar morena o piloncillo rallado

¼ de taza de azúcar (para el interior de los chiles)

Minilla

⅓ de taza de aceite de oliva virgen

½ taza de cebolla blanca picada finamente

1 cucharada de ajo picado finamente

3 tazas de jitomate pelado, sin semillas y picado finamente

¼ de taza de agua

2 hojas de laurel

½ cucharadita de orégano seco

1 cucharada de azúcar

¼ de taza de pasitas negras picadas finamente

3 cucharadas de aceitunas verdes, enjuagadas y picadas

1 cucharada de alcaparras, enjuagadas y picadas

2 latas de atún de 174 g cada una, drenadas

2 cucharadas de hojas de perejil fresco picado finamente

sal al gusto

I N G R E D I E N T E S

Rendimiento: 15 chiles   **Preparación: 25 min**   **Cocción: 1 h**   **Costo: 2**   **Dificultad: 2**

P R O C E D I M I E N T O

Chiles

- Hierva suficiente agua a fuego alto y añada los chiles, el vinagre y la sal; tan pronto vuelva a hervir el agua, retire del fuego y deseche el agua. Sumérjalos en agua con hielo para detener la cocción.
- Repita el paso anterior usando la mitad del azúcar morena (utilice piloncillo si desea más dulces los chiles o si cree que éstos son muy picosos); el agua debe hervir a borbotones antes de añadir los chiles. Déjelos hervir 3 minutos, deseche el agua y báñelos en agua con hielo. Repita una vez el paso anterior utilizando el resto del azúcar. Escúrralos y séquelos por dentro y por fuera con servilletas de papel.
- Con el dedo, coloque suficiente azúcar dentro de los chiles y úntela por todas partes; esto hará que el chile quede más dulzón y se reduzca lo picante. Si lo desea, use un guante de látex. Reserve.

Minilla

- En un sartén, caliente el aceite a fuego alto hasta que humee ligeramente, añada la cebolla y el ajo; acitrone por 3 minutos, incorpore el jitomate y deje cocer durante 15 minutos, sin dejar de mover, hasta que el jitomate esté totalmente frito.
- Añada el agua, el laurel, el orégano, el azúcar y las pasitas; mezcle y continúe cociendo a fuego alto hasta que el agua se haya evaporado totalmente. (Debe obtener una consistencia pastosa, no se preocupe si nota que el jitomate se seca un poco o pierde casi todo su jugo. Este paso tomará 25 minutos aproximadamente, y el punto exacto es cuando ya no hay jugo de jitomate en el sartén.) Añada las aceitunas, las alcaparras, el atún y el perejil; mezcle hasta que todo quede incorporado.
- Pruebe y ajuste de sal. Retire del fuego, deje que se enfríe y deseche las hojas de laurel.

Presentación

- Rellene los chiles con bastante minilla (lo ideal es que las orillas de la abertura no se junten debido a la gran cantidad de relleno).
- Sirva los chiles a temperatura ambiente o fríos.

Chiles xcatik rellenos de picadillo

Chiles

12 chiles xcatik grandes

Relleno

2 cucharaditas de recado de especia (*ver página 138*)

2 cucharaditas de jugo de naranja agria o sustituto (*ver página 137*)

1 ℓ de agua

½ kg de carne de cerdo molida

1 cucharada de manteca

½ taza de cebolla blanca picada finamente

1 cucharadita de ajo picado finamente

½ chile dulce, o pimiento verde, picado

2 cucharadas de alcaparras

⅓ de taza de aceitunas sin hueso partidas por mitad

¼ de taza de pasitas sal al gusto

¼ de taza de manteca o aceite de maíz (para freír el jitomate)

700 g de jitomate pelado, cortado en cubitos y sin semillas

3 cucharadas de manteca o aceite de maíz (para freír la carne)

Salsa roja de jitomate

1 ℓ de agua

½ kg de jitomate maduro

2 chiles serranos verdes frescos grandes

¼ de taza de cebolla blanca picada finamente

2 dientes de ajo chicos pelados

2 cucharadas de aceite de maíz, de cártamo o vegetal

¾ de cucharadita de sal (o al gusto)

Presentación

200 g de queso edam cortado en cubitos de ½ cm por lado

6 ramas de perejil (opcional)

Rendimiento: 6 porciones   **Preparación: 1 h**   **Cocción: 1 h y 20 min**   **Costo: 2**   **Dificultad: 2**

Chiles

- Tateme los chiles sobre el fuego directo hasta que les salgan ampollas.
- Colóquelos dentro de una bolsa de plástico para que suden por 20 minutos.
- Pele los chiles con cuidado, de la misma forma en que lo haría con un chile poblano. Sea cuidadoso, ya que este chile tiene la piel más delicada que el poblano.
- Haga una incisión a lo largo del chile cuidando no traspasarlo hasta el otro lado; deje los últimos 4 centímetros del chile sin cortar para que no se deforme; retire las venas y semillas, enjuague y agregue un poco de sal. Haga lo mismo con el resto de los chiles y resérvelos hasta el momento de rellenarlos.

Recado de especia

- Coloque todos los ingredientes en un molcajete y macháquelos hasta que queden bien molidos.
- Retire la mezcla del molcajete y reserve. (Aunque este recado se puede hacer previamente, no es recomendable prepararlo con más de 3 días de anticipación, ya que el ajo adquiere un sabor más fuerte.)

Relleno

- Diluya el recado de especia en el jugo de naranja agria y mézclelo con la carne. En una olla grande, coloque la carne y el agua, tape la olla y ponga a hervir a fuego alto. Cuando hierva, baje el fuego a medio y deje cocinar durante 10 minutos o hasta que la carne esté cocida (la carne tiende a hacerse una masa, esto es normal). Deje enfriar y cuele. Reserve la carne y el caldo por separado.
- Caliente la manteca a fuego alto hasta que humee ligeramente; saltee la cebolla y el ajo, añada el chile dulce y deje que se cueza ligeramente. Incorpore las alcaparras, las aceitunas y las pasitas, sale al gusto y retire del fuego. Reserve.
- En otra olla, caliente el ¼ de taza de manteca hasta que humee ligeramente, añada el jitomate y deje cocer por unos minutos. Añada la mezcla de cebolla y chile dulce al jitomate, deje cocinar un par de minutos más, retire del fuego y reserve.
- Por separado, caliente las 3 cucharadas de manteca hasta que humee ligeramente; añada la carne para que se dore (asegúrese de romper las bolas de carne que se forman durante la cocción). Agregue la mezcla de jitomate y combine todo hasta que cada ingrediente esté bien incorporado. Pruebe de sal, deje cocinar por 5 minutos más, retire del fuego y reserve para rellenar los chiles.
- Rellene los chiles con aproximadamente ⅓ de taza cada uno.

Salsa roja de jitomate

- En una olla pequeña ponga a hervir el agua a fuego alto; cuando hierva a borbotones añada el jitomate, los chiles, la cebolla y los ajos.
- Cueza por 10 minutos o hasta que los jitomates estén bien cocidos pero no deshaciéndose. Retire la olla del fuego, cuele y reserve los sólidos por separado hasta que se enfríen.
- Trocee los jitomates y licúelos con los chiles, la cebolla y los ajos a velocidad alta durante 30 segundos o hasta que la salsa quede muy tersa, de manera que al colarla en un cedazo prácticamente no quede nada de bagazo; deseche cualquier residuo y semillas que pudieran quedar en el cedazo y reserve.
- Por separado, caliente a fuego medio una olla pequeña y vierta el aceite. Fría la salsa y cuando hierva baje el fuego, añada la sal y el agua. Cuando hierva nuevamente cueza por 10 minutos más, moviendo de vez en cuando. Apague y retire del fuego.
- Sirva caliente o a temperatura ambiente en una salsera.

Presentación

- Coloque en cada plato suficiente salsa de jitomate caliente y sobre ésta 2 chiles rellenos; adorne con los cubitos de queso y una ramita de perejil.

Chiles poblanos rellenos de picadillo sencillo con papa

INGREDIENTES

Picadillo

- 2 tazas de papas peladas y cortadas en cubos chicos de 1 cm por lado
- ¼ de taza de aceite de maíz
- ½ taza de cebolla blanca picada finamente
- ½ cucharada de ajo picado finamente
- 1 taza de jitomate picado
- 150 g de carne de res molida de primera
- 200 g de carne de cerdo molida de primera
- pimienta negra recién molida, al gusto
- sal al gusto

Chiles

- 8 chiles poblanos limpios (*ver página 136*)

Capeado

- ½ receta de capeado (*ver página 135*)

Caldillo

- ¼ de taza de aceite de maíz
- 1 taza de cebolla blanca rebanada
- 4 dientes de ajo pelados
- 1 kg de jitomate maduro troceado
- ½ cucharada de comino entero
- sal al gusto
- pimienta negra al gusto

Guarniciones

- arroz blanco (*ver página 22*)
- frijoles de la olla (*ver página 42*)

Rendimiento: 8 porciones   **Preparación: 25 min**   **Cocción: 45 min**   **Costo: 2**   **Dificultad: 2**

PROCEDIMIENTO

Picadillo

- Blanquee las papas en agua y resérvelas (deben quedar cocidas, pero no muy blandas).
- Caliente el aceite hasta que humee ligeramente; acitrone la cebolla, añada el ajo y, tan pronto esté frito, incorpore el jitomate; cueza hasta que esté frito, agregue las carnes y deje que se doren. Mueva de vez en cuando para evitar que se pegue la carne al fondo de la olla y deshaga las bolas que se forman durante la cocción.
- Agregue las papas, la pimienta y la sal; deje que se cueza por 5 minutos, retire del fuego, pruebe y ajuste de sal.
- Deje enfriar y rellene los chiles.

Capeado

- Prepare el capeado y capee los chiles (*ver página 135*).

Caldillo

- Caliente el aceite hasta que humee ligeramente y dore la cebolla.
- Licue los ajos con el jitomate y el comino; cuele y vierta sobre la cebolla. Deje sazonar unos 15 minutos. Salpimente, pruebe y ajuste de sal.

Presentación

- Sirva los chiles recién capeados bañados con el caldillo. Acompáñelos con las guarniciones.

Chiles chipotles tamarindo rellenos de queso Cotija

xi

Chiles

- 2 tazas de leche
- ¼ de taza de piloncillo rallado
- ¼ de cucharadita de tomillo seco
- ¼ de cucharadita de mejorana seca
- 1 hoja de laurel
- 10 chiles chipotles tamarindo grandes

- 1 ℓ de agua fría
- 200 g de queso Cotija en tiras

Caldillo

- ½ kg de jitomate pelado y sin semillas
- 1 cucharadita de ajo picado finamente
- 2 cucharadas de cebolla blanca picada
- ¼ de taza de agua

- ½ cucharadita de sal
- 3 cucharadas de aceite de maíz

Capeado

- ¼ de receta de capeado (*ver página 135*)

Presentación

- ½ taza de crema de rancho espesa
- 150 g de queso manchego rallado

Rendimiento: 5 porciones · Preparación: 30 min · Cocción: 1 h y 15 min · Costo: 2 · Dificultad: 2

Chiles

- Caliente a fuego alto la leche con el piloncillo, el tomillo, la mejorana y el laurel; cuando hierva, baje el fuego y añada los chiles; deje hervir durante 15 minutos. Cuide que no se ablanden demasiado.
- Abra cada chile a lo largo por un costado, sin romperlo; quite las semillas, las venas y deséchelas.
- Enjuague los chiles en el agua fría, escúrralos, séquelos con servilletas de papel y rellénelos con el queso. Resérvelos.

Caldillo

- Licue los primeros cinco ingredientes hasta lograr una salsa tersa, tan fina que no sea necesario colar. Caliente el aceite hasta que humee ligeramente, y fría el licuado. Deje que reduzca hasta que logre ver el fondo de la olla al mover la salsa con una cuchara. La consistencia debe ser casi pastosa. Reserve sin que se enfríe. Debe obtener 1 ¼ tazas de caldillo.

Capeado

- Prepare el capeado y capee los chiles (*ver página 135*).

Presentación

- Coloque los chiles en un refractario, bañe cada uno con 2 cucharadas del caldillo y 1 cucharadita de crema. Cúbralos con el queso manchego y hornéelos a 180 °C durante 15 minutos para que se gratinen. Sírvalos calientes.

Mole de olla

Ingredientes

1 elote grande

4 xoconostles pelados

1 kg de chambarete de res sin hueso

6 dientes de ajo partidos por mitad

½ cebolla blanca

2 ℓ de agua

2 cucharadas de sal

2 zanahorias

1 chayote

1 papa mediana

150 g de ejote

2 calabacitas

2 ℓ de agua

16 chiles pasilla grandes

⅓ de taza de aceite de maíz

1 taza de cebolla blanca troceada

6 dientes de ajo grandes enteros

300 g de jitomate

3 cucharadas de aceite de maíz

9 ramas de epazote frondosas, amarradas

Guarniciones

4 limones partidos por mitad

⅓ de taza de cebolla blanca picada

tortillas de maíz al gusto

Rendimiento: 6 porciones   Preparación: 25 min   Cocción: 1 h y 20 min   Costo: 2   Dificultad: 1

Procedimiento

- Corte el elote en 6 partes. Rebane a la mitad los xoconostles, retire y deseche las semillas; corte cada mitad en cuatro pedazos.
- En una olla de presión, coloque los elotes, los xoconostles, la carne, los ajos, la cebolla, el agua y 1 cucharada de sal. Cueza a fuego alto hasta que el vapor comience a escapar; baje el fuego a medio y deje cocer durante 35 minutos. Deje enfriar y retire la cebolla y los ajos.
- Pele las zanahorias, el chayote y la papa y córtelos en cubos de 3 centímetros por lado, al igual que las calabacitas; corte los ejotes en trozos de 5 centímetros. Cuézalas en el agua con 1 cucharada de sal.
- Limpie los chiles, retire y deseche semillas, venas y rabos. Rómpalos un poco para que sea más fácil freírlos.
- Caliente ⅓ de taza de aceite y fría ligeramente la cebolla, añada los ajos, el jitomate y al final los chiles; espere a que todo se fría muy

bien. Vierta 6 tazas del caldo de las verduras y cueza hasta que los chiles estén muy suaves. Deje enfriar para poder licuar.
- Licue poco a poco la mezcla de los chiles con el caldo de carne que sea necesario; procure obtener una salsa lo más espesa posible (debe ser tersa y fina); cuele.
- Caliente el aceite, fría el licuado de los chiles por 20 minutos o hasta que esté cocido.
- Regrese al fuego la carne con su caldo, agregue la salsa de chile pasilla, añada las verduras y el epazote, y deje que hierva durante 10 minutos. Pruebe y ajuste de sal.
- Sirva el mole de olla bien caliente con suficiente caldo, verduras y carne. Cada comensal condimentará su platillo con cebolla y limón, acompañe con tortillas de maíz.

Mole poblano

INGREDIENTES

Mole

1 ½ tazas de manteca de cerdo

250 g de chile mulato limpio

125 g de chile pasilla limpio

125 g de chile ancho limpio

4 ℓ de caldo de pollo

2 cucharadas de manteca de cerdo

1 taza de almendras sin pelar (150 g)

2 cucharadas de cacahuates pelados y tostados (25 g)

½ taza de nuez pacana pelada y entera (50 g)

¼ de taza de pepitas de calabaza peladas

2 cucharadas de ajonjolí (25 g)

3 tazas de caldo de pollo

½ taza de manteca de cerdo

½ kg de tomate verde troceado

½ kg de jitomate troceado

1 plátano macho maduro, rebanado y frito

⅔ de taza de pasitas

4 tazas de caldo de pollo

5 clavos asados

1 cucharadita de pimientas negras enteras

5 pimientas gordas

1 cucharadita de comino entero

½ cucharadita de anís entero

1 raja de canela de 10 cm de largo, quebrada

½ cucharadita de tomillo seco (únicamente las hojas)

1 cucharada de orégano seco (únicamente las hojas)

12 dientes de ajo grandes, asados con su piel y luego pelados

1 cebolla blanca cortada en cuarterones, asada y picada en grueso

2 tazas de caldo de pollo

1 cucharada de sal

1 bolillo rebanado y frito en manteca o aceite de maíz

3 tortillas de maíz cortadas en pedazos y fritas en manteca o aceite de maíz

2 tazas de caldo de pollo

3 tablillas de chocolate con azúcar de 90 g cada una

1 taza de azúcar morena

Pollo

24 piezas de pollo (muslo con pierna)

2 cabezas de ajo cortadas por mitad

1 cebolla blanca cortada en cuarterones

1 ½ cucharadas de sal

5 ℓ de agua

¼ de taza de ajonjolí tostado (para decorar)

Rendimiento: 24 porciones   **Preparación: 50 min**   **Cocción: 3 h y 40 min**   **Costo: 3**   **Dificultad: 3**

PROCEDIMIENTO

Mole

- Caliente 1 taza de manteca de cerdo y fría los chiles uno por uno (reserve la manteca restante para freír la salsa). Póngalos en una cazuela con 2 litros de caldo de pollo y hiérvalos hasta que los chiles estén muy suaves y casi deshaciéndose (20 minutos aproximadamente). Retírelos del fuego y deje enfriar.

- Licue la cuarta parte de los chiles con 2 tazas de caldo de pollo hasta obtener una textura muy tersa, de tal manera que al colarlo no quede nada atrapado en el colador. Repita este paso con las otras tres porciones de los chiles restantes, aumentando 2 tazas de caldo de pollo cada vez.

- Caliente, en la olla en la que se hará el mole, la manteca reservada. Deje que humee ligeramente y fría el licuado de los chiles, deberá quedar bien frito e incluso espeso. Espere hasta poder ver el fondo de la olla al mover la salsa con una cuchara (½ hora aproximadamente). Deje sobre el fuego.

- En un sartén a fuego medio, caliente 2 cucharadas de manteca y fría las almendras hasta que se doren ligeramente. Añada los cacahuates y la nuez, y cuando éstos se doren agregue las pepitas de calabaza. Baje el fuego y mueva constantemente. Cuando la pepita se haya inflado integre el ajonjolí y continúe friendo hasta que todos los ingredientes estén dorados. Retire del fuego y deje enfriar. Licue todos los ingredientes con 3 tazas de caldo de pollo hasta obtener una salsa muy tersa que no sea necesario colar. Vierta el licuado en la salsa del mole, mezcle y mueva constantemente.

- Caliente ½ taza de manteca a fuego alto y fría el tomate y el jitomate; una vez fritos, baje el fuego y cueza hasta que estén totalmente desbaratados y hayan tomado una consistencia casi de puré (½ hora aproximadamente). Añada el plátano frito y las pasitas, cueza por 15 minutos más y retire del fuego. Deje enfriar la mezcla para poder licuarla.

- Licue la mitad de la mezcla con 2 tazas de caldo hasta que quede una salsa muy tersa que al pasarla por el colador no queden residuos; reserve. Repita este paso con la otra mitad de la mezcla y 2 tazas de caldo de pollo. Añada este licuado al mole moviendo constantemente.

- Licue los clavos, las pimientas, el comino, el anís, la canela, el tomillo, el orégano, los ajos y la cebolla con 2 tazas de caldo de pollo hasta que obtenga una mezcla muy tersa. Cuele y añada al mole.

- Continúe la cocción a fuego lento durante ½ hora, sin dejar de mover para que no se pegue en el fondo; añada la sal, mezcle y siga cociendo.

- Licue el bolillo y las tortillas con 2 tazas de caldo de pollo hasta que obtenga una mezcla tersa; cuele y añada al mole. Continúe la cocción por 10 minutos más.

- Rompa las tablillas de chocolate y añádalas al mole junto con el azúcar. Mezcle bien y cueza durante 20 minutos más. (En este punto la salsa debe estar espesa. Si estuviera muy aguada no importa, pues todavía va a reducir. En caso de que esté muy espesa, añada un poco de caldo.) Retire el mole del fuego cuando empiecen a flotar en la superficie grandes vetas o manchas de grasa; esto es señal de que la salsa está totalmente cocida.

- Finalmente pruebe de sal y azúcar, ajuste la sazón si es necesario.

Pollo

- El día que servirá el mole, cueza en una olla grande el pollo con agua, los ajos, la cebolla y la sal. Con una espumadera o cuchara retire la espuma que flota en la superficie del caldo mientras se cuece el pollo.

- Cuando esté totalmente cocido y suave, deseche el ajo y la cebolla y resérvelo dentro del caldo para recalentarlo justo antes de servir.

- Si desea, puede añadir el pollo cocido al mole o servir las piezas de pollo bañadas con él. Decore la superficie con una pizca de ajonjolí.

Mole verde de Michoacán

INGREDIENTES

1 ½ kg de costilla cargada de cerdo, cortada en 12 trozos

4 ℓ de agua

2 cuarterones de cebolla blanca

3 dientes de ajo partidos por mitad

2 cucharaditas de sal (o al gusto)

300 g de pepitas de calabaza peladas y tostadas

¼ de taza de ajonjolí tostado

½ taza de aceite (para freír las pepitas)

½ kg de tomate verde

3 chiles serranos verdes

5 hojas de lechuga romana picada

15 hojas de rábano

¼ de taza de hojas de cilantro comprimidas

3 dientes de ajo

½ taza de cebolla blanca picada

¼ de taza de manteca

Guarniciones

papas, calabacitas, ejotes y chícharos cocidos (opcional)

tortillas de maíz

frijoles de la olla (*ver página 42*)

Rendimiento: 6 porciones **Preparación: 25 min** **Cocción: 1 h y 50 min** **Costo: 2** **Dificultad: 1**

PROCEDIMIENTO

- Ponga en una olla a fuego alto la carne con el agua, la cebolla, los ajos y 1 cucharadita de sal; cuando hierva baje el fuego y deje cocer hasta que la carne esté suave (45 minutos aproximadamente). Durante la cocción retire la espuma que flota en la superficie del caldo. Apague, deseche los ajos, la cebolla y reserve la carne en su caldo.

- En un molino eléctrico para café o en una licuadora, muela en seco las pepitas y el ajonjolí. Reserve.

- En un sartén a fuego bajo, caliente el aceite y fría las semillas molidas hasta dorarlas ligeramente; retire del fuego.

- Mientras la carne se cuece, licue el tomate, los chiles, la lechuga, las hojas de rábano, el cilantro, los ajos, la cebolla y las pepitas y el ajonjolí molidos. Procure no agregar agua o caldo (añádalo sólo en caso de ser necesario para ayudar a las aspas de la licuadora).

- En una cazuela, caliente la manteca a fuego alto hasta que humee ligeramente y fría el licuado de tomate sin dejar de mover, hasta que se vea cocido (10 minutos aproximadamente). Cuando considere que la pepita está cocida, agregue el caldo de la carne poco a poco hasta lograr una salsa espesa; deberá agregar más caldo según vaya necesitando, sin que el guiso pierda su consistencia espesa (no tiene que utilizar todo el caldo).

- Cuando la salsa empiece a hervir, ponga la lumbre a fuego bajo y continúe cociendo, moviendo de vez en cuando, de 30 a 45 minutos; notará que unas vetas de grasa flotan en la superficie del mole.

- Verifique la sal. Agregue la carne, deje cocer durante 5 minutos más.

- Sirva en cada plato 2 trozos de carne con bastante mole; acompañe con las verduras, tortillas de maíz y frijoles de la olla.

Pipián rojo

INGREDIENTES

Carne

- 2 kg de cabeza de lomo de cerdo
- 4 ℓ de agua
- 2 cuarterones de cebolla blanca
- 12 dientes de ajo medianos
- 4 cucharaditas de sal

Salsa

- 5 chiles guajillos sin venas ni semillas y tostados
- 2 chiles chipotles enteros, tostados
- 2 chiles anchos sin venas ni semillas y tostados
- 1 taza de pepitas de calabaza tostadas
- ⅓ de taza de cacahuate pelado y tostado
- ¼ de taza de ajonjolí tostado
- 6 cm de canela tostada
- ½ cucharadita de comino tostado
- 5 piezas de clavo tostado
- 6 pimientas gordas tostadas
- 140 g de cebolla blanca asada
- 4 dientes de ajo pelados y asados
- 2 jitomates asados
- ⅓ de taza de manteca
- 2 cucharaditas de sal

Rendimiento: 12 porciones   **Preparación: 15 min**   **Cocción: 1 h**   **Costo: 2**   **Dificultad: 1**

PROCEDIMIENTO

- Cueza la carne en el agua con la cebolla, los ajos y la sal por 40 minutos o hasta que la carne esté suave. Drene y reserve el caldo y la carne por separado.
- Caliente 3 tazas del caldo de la carne, agregue los chiles y hierva durante 10 minutos. Retire del fuego y deje enfriar.
- Licue las pepitas, el cacahuate, el ajonjolí, la canela, el comino, el clavo, las pimientas, la cebolla, los ajos, los jitomates y los chiles con un poco del caldo de la carne hasta obtener una textura tersa y fina que no sea necesario colar.
- Caliente la manteca hasta que humee, y fría la salsa. Espere a que hierva, sazone, e incorpore la carne. Añada más caldo si nota que está demasiado espesa.
- Sirva calientes los trozos de carne con bastante salsa (en este platillo la salsa es incluso más importante que la misma carne).

Encacahuatado

Carne

- 6 piezas de pollo (muslos y piernas) o 1 kg de lomo de cerdo en trozos
- 2 ℓ de agua
- 2 cucharaditas de sal
- 3 dientes de ajo
- 1 cuarterón de cebolla blanca

Salsa

- 1 taza de agua
- 1 chile guajillo sin semillas ni venas
- 1 chile chipotle tamarindo grande sin semillas ni venas
- 300 g de jitomate maduro
- ¼ de cebolla blanca

- 8 pimientas negras enteras
- 5 pimientas gordas
- 2 clavos de olor
- 3 dientes de ajo grandes, pelados
- 1 ½ tazas de cacahuates pelados y tostados
- 5 cm de canela en rama asada
- 2 ½ tazas de caldo de pollo
- ⅓ de taza de aceite de maíz
- sal al gusto

Guarniciones

- frijoles de la olla (*ver página 42*)
- arroz blanco (*ver página 22*)
- tortillas de maíz

Rendimiento: 6 porciones   **Preparación: 15 min**   **Cocción: 1 h**   **Costo: 2**   **Dificultad: 1**

Carne

- Coloque todos los ingredientes en una olla y cuézalos a fuego medio hasta que la carne esté suave pero firme. Reserve el caldo y la carne por separado.

Salsa

- Caliente el agua y cuando hierva agregue los chiles guajillo y chipotle; deje sobre el fuego por 5 minutos más y luego déjelos enfriar.
- Licue los chiles con el agua hasta obtener una salsa muy tersa; cuele y reserve.

- Licue por separado el jitomate, la cebolla, las pimientas, los clavos, los ajos, los cacahuates y la canela con el caldo de pollo; deberá obtener una salsa muy tersa; cuele y reserve.
- En una olla, caliente el aceite y fría el licuado de los chiles y el de los cacahuates; cuando hierva, baje el fuego y cueza por 20 minutos más. Pruebe, ajuste de sal y retire del fuego.
- Sirva las piezas de carne bañadas con bastante salsa (al igual que en los moles, la salsa es más importante que la carne). Acompañe con las guarniciones.

Mole amarillo

INGREDIENTES

Mole amarillo

6 trozos de filete de caña de res de 150 g cada uno

200 g de ejotes

2 chayotes chicos

3 calabacitas chicas

1 chile ancho chico sin semillas ni venas

6 chiles guajillo grandes sin semillas ni venas

1 jitomate maduro troceado

300 g de miltomates o tomates verdes sin cáscara

4 clavos enteros

5 pimientas negras enteras

½ cucharadita de cominos enteros

4 dientes de ajo pelados

¼ de taza de manteca de cerdo o aceite de maíz o de girasol

3 hojas santas

sal al gusto

Chochoyones

1 diente de ajo grande con piel y bien asado

150 g de masa de maíz

½ cucharada de asientos de manteca o manteca de cerdo

½ cucharadita de sal

1 ½ cucharadas de harina de trigo

Guarniciones

rajas de chile de agua o de chile poblano con limón (*ver página 116*)

cebolla curada en jugo de limón (*ver página 116*)

ramas de cilantro

Rendimiento: 6 porciones   **Preparación: 50 min**   **Cocción: 1 h y 10 min**   **Costo: 2**   **Dificultad: 2**

PROCEDIMIENTO

Mole amarillo

- Sale el filete al gusto, resérvelo tapado y en refrigeración hasta el momento de cocinarlo.
- Corte el extremo de donde crecen los ejotes. Pele los chayotes y córtelos en tiras largas de 1 centímetro de ancho aproximadamente. Corte las calabacitas a lo largo para obtener tiras similares a las de los chayotes.
- Cueza las verduras en suficiente agua con sal. Manténgalas calientes para añadirlas al mole.
- Ase los chiles uno por uno en un comal o sartén de fondo grueso.

- Debe asar solamente la parte brillante o exterior, cuidando de no quemarlos. Pártalos en trozos chicos.
- Ponga en una olla los chiles, los miltomates y 3 ½ tazas de caldo de las verduras. Cueza tapado por 15 minutos o hasta que los chiles estén muy suaves. Retire del fuego.
- Licue lo anterior con los clavos, las pimientas, los cominos y los ajos hasta obtener una salsa tan tersa que al pasarla por un cedazo quede muy poco bagazo. La salsa deberá quedar lo más espesa posible, sólo si es necesario añada un poco más de caldo para licuarla.

- En una olla grande de 2 litros de capacidad, caliente la manteca a fuego alto, agregue la salsa y deje cocer a fuego medio hasta que se vea totalmente cocida. Este paso puede tomar 15 minutos o más y debe mover constantemente para que no se pegue el preparado. Cuando esté bien cocida, añada 2 tazas del caldo donde se cocieron los chochoyones. Deje hervir y permita que reduzca por 5 minutos, moviendo de vez en cuando. Añada las hojas santas partidas en 4 sin las venas centrales y deje cocer 5 minutos más. Retire del fuego y mantenga caliente.
- Cueza el filete al término deseado.

Chochoyones

- Pele el ajo y macháquelo hasta obtener un puré.
- Mezcle la masa, el puré de ajo, el asiento de manteca, la sal y la harina. Debe obtener una masa fácil de trabajar. Sólo en caso de que esté muy seca, añada agua. Amase y forme con ella una especie de puro o cilindro de unos 40 centímetros de largo y 2.5 de diámetro.
- Para hacer los chochoyones divida la masa en 24 porciones iguales y con cada una forme una bolita de 2 centímetros (aproximadamente 10 g cada una). Sostenga la bolita en la palma de la mano y hunda en el centro de ella el dedo meñique sin atravesarla; quedará una especie de cazuelita. Repita este paso con el resto de las porciones.
- En un sartén profundo u olla pequeña de fondo ancho, caliente suficiente agua con sal hasta que hierva a borbotones. Añada uno por uno los chochoyones sin encimarlos para que no se peguen ni se aplasten; el agua dejará de hervir, pero lo hará de nuevo en unos cuantos minutos. Al primer hervor baje la llama a fuego medio o bajo para que se terminen de cocer (durante 7 minutos, no deje cocer los chochoyones a fuego alto porque se desbaratan).
- Retírelos del fuego y manténgalos calientes en su caldo.

Presentación

- En cada plato coloque aproximadamente ½ taza de salsa de mole amarillo. Sobre éste acomode 6 ejotes, 7 tiras de calabaza y 5 tiras de chayote, procurando que quede un montoncito; encima coloque el filete, la cebolla curada, los chiles de agua, 1 rama de cilantro y 4 chochoyones. Sirva caliente.

Pipián verde

INGREDIENTES

Salsa

2 ½ tazas de pepitas de calabaza tostadas y frías

½ kg de tomate verde

3 dientes de ajo grandes pelados

1 cuarterón de cebolla blanca

2 chiles serranos verdes

1 taza de ramas de cilantro comprimidas

½ taza de aceite de maíz

3 tazas de caldo de pollo

Presentación

6 piezas de pollo cocidas (opcional)

24 camarones salteados (opcional)

6 filetes de pescado cocidos (opcional)

6 trozos de carne de cerdo cocidos (opcional)

Rendimiento: 6 porciones   **Preparación: 20 min**   **Cocción: 1 h**   **Costo: 2**   **Dificultad: 1**

PROCEDIMIENTO

Salsa

- Muela las pepitas en seco (una de las mejores formas de hacerlo es con la ayuda de un molino de café o una licuadora que muela en seco; en cualquiera de los dos casos debe obtener un polvo muy fino).
- Licue el tomate verde, los ajos, la cebolla, los chiles y el cilantro sin añadir agua; debe obtener un licuado muy terso.
- En una cacerola a fuego medio caliente ¼ de taza de aceite y fría la salsa; deje hervir, baje el fuego y cueza durante 25 minutos o hasta que la salsa esté bien cocida.

- Caliente por separado el aceite restante y dore ligeramente la pepita a fuego bajo, pero que no se queme, sin dejar de mover.
- Añada la pepita a la salsa, mezcle y agregue 2 tazas de caldo, baje el fuego y cocine por 15 minutos (mueva de vez en cuando, ya que tienden a hacerse bolas y pegarse en el fondo de la olla; en caso necesario añada más caldo). Cuando haya espesado, retírela del fuego. (Si se formaron bolas, mezcle enérgicamente o licue.)

Presentación

- Sirva la salsa caliente sobre la carne de su preferencia.

Viaje culinario por México

Guacamole clásico

El guacamole es tal vez el platillo más conocido fuera y dentro de México. Aquí presento el guacamole típico a la mexicana, que lleva chile, jitomate, cebolla y cilantro. Todos sabemos que se emplea como botana o entremés y que sirve para acompañar casi todo tipo de tacos, entre otros platillos.

En resumen, podríamos decir que la palabra "guacamole" proviene del náhuatl *ahuacamulli*, de *ahuacatl*, aguacate y *mulli*, molido o salsa, que significa "salsa de aguacate". Ahora el guacamole se ha vuelto una receta de lujo, en la que se emplean los mejores aguacates para hacerlo, pero en el pasado se hacía cuando éstos estaban muy maduros y no se podían comer en rebanadas.

Existen varios trucos para que el guacamole no se oxide: algunos dejan la semilla en el preparado o agregan jugo de limón, pero esto último lo acidifica; lo mejor es hacerlo fresco, justo antes de comerlo, procurando que los aguacates hayan estado en el refrigerador; de hecho, esto hace que el guacamole tenga mejor sabor.

Queso fundido

Creo que no necesito decir que ésta es una de las formas en que más se consume el queso en todo el país, pues el queso fundido se sirve como entrada o para acompañar los tacos. Es un platillo que prácticamente nadie hace en casa porque a todos les gusta ir a las taquerías a comerlo.

Éste es uno de los pocos casos en que la tortilla de harina me gusta más que la de maíz.

Entre los quesos para fundir están el Chihuahua o menonita, Oaxaca, manchego mexicano, asadero y muchos otros de manufactura regional. A esta base usted puede añadir chorizo frito o rajas de chile poblano. En casi todos los mercados de México venden unas cazuelitas de unos 8 centímetros de diámetro para porciones individuales y otras de unos 15 para las de compartir; en caso de no tener ninguna de las dos, un plato hondo para sopa es un buen sustituto.

Manitas de puerco en escabeche

Las manitas en escabeche se acostumbran en muchas regiones de México, siempre se sirven como botana o entremés en los restaurantes de comida típica donde se disfrutan mientras se bebe tequila o cerveza. Es característico que junto con su escabeche también se incluyan verduras; éstas cambian según la región, entre ellas encontramos cebollas, chiles, nopalitos, coliflor, zanahorias, calabacitas. En todos los casos las hierbas aromáticas predominantes son el orégano y el laurel.

Asegúrese de que su carnicero le provea las manitas ya lavadas, peladas, blanqueadas y partidas por la mitad, no es nada difícil encontrarlas así en los mercados.

De esta forma, la parte difícil del trabajo ya está hecha. Comience la preparación un día antes porque las manitas necesitan macerarse por lo menos un día.

Quesadillas de huitlacoche

El huitlacoche o cuitlacoche, *Ustilago maydis*, es uno de los alimentos más sofisticados de la cocina mexicana, pero ¿qué es el huitlacoche? Es un hongo que se desarrolla sobre las mazorcas tiernas del maíz, aparece en forma de granos globosos grisáceos por fuera y negros por dentro. Abunda de julio a septiembre, que es la temporada de lluvias en el centro del país.

Se vende en mazorca o desgranado. Prefiero comprar el de mazorca y desgranarlo cuidadosamente para no romper los granos; así

habrá algo que morder. Si está todo roto la textura se vuelve más pastosa, pero aun así se puede utilizar. Debe escoger los granos más grises; los negros están sobremadurados y suelen estar rotos.

Si compra el huitlacoche en mazorca debe comprar por lo menos 1 kilo, para que al desgranarlo queden unos 600 gramos.

La gran mayoría prepara el huitlacoche sin jitomate, pero Elsa Kahlo, quien me enseñó a hacerlo con éste, me ha demostrado que el sabor mejora.

Plátanos machos rellenos

En prácticamente todos los estados que se ubican en el Golfo de México se preparan estos plátanos machos; recetas muy parecidas las he encontrado también en los estados costeros del Pacífico.

Los rellenos varían ligeramente, los más comunes son frijoles, queso fresco o picadillo de carne, casi siempre acompañados con una salsa de la región.

Las formas del plátano llegan a ser ovaladas, redondas, oblicuas o como empanada o media luna. En Veracruz y Tabasco son tan dulces que no requieren añadir azúcar, siempre es mejor utilizar los ma-

duros. Tradicionalmente se hierven en agua, pero yo prefiero hornearlos porque así no tienen tanta agua; le recomiendo hacerlo justo el día que los piense servir, si hace el puré de plátano días antes, se humedece y tendrá que añadir harina, pan molido e incluso huevo para que la masa no se separe.

En los mercados populares, los plátanos machos pueden ser muy grandes o chicos, por esto decidí hacer el cálculo por su peso para evitar frustraciones.

La versión que presento en este libro es la que se hacía en mi casa.

Chimichangas de frijol refrito

Aunque ahora el relleno de las chimichangas puede ser muy lujoso, incluso langosta, se me ocurre que las verdaderas recetas populares se hicieron con ingredientes accesibles y de bajo costo, como los frijoles. No minimice este preparado porque se sorprenderá con lo rica que es esta receta.

La primera vez que escuché hablar de las chimichangas, o chivichangas, y las probé fue durante mi estancia en San Diego, California; ahí tuve unos compañeros de Culiacán, Sinaloa, que las hacían con cierta frecuencia. Recuerdo que entre los rellenos más comunes estaba el chilorio.

Sikil p´ak

Una de las primeras entradas que probé en las cantinas y restaurantes típicos de la península de Yucatán es el sikil p´ak, que se hace con una semilla de calabaza muy pequeña a la que por su tamaño le llaman "chinchilla". En muchos mercados de Mérida la venden tostada y molida. Dicha pepita se puede sustituir por la pepita verde del centro del país. Con la chinchilla la salsa resultará de tono café claro y con la verde, ligeramente rosa. La cebollina (*Allium scaposum Benth*) puede sustituirse por cebollín.

Esta salsa en realidad es una especie de unto con el que se pueden hacer tostadas o comerse con totopitos. Su origen es totalmente maya; de acuerdo con el diccionario de esta lengua, *sikil* significa "pepita de calabaza", y *p´ak*, "jitomate".

Sopes

Para mí, éste es el antojito típico de la ciudad de México. El auténtico sope es una tortilla ovalada como de 15 centímetros de largo, con orilla para sostener la salsa y los rellenos. Actualmente, en los supermercados y en los mercados populares venden los sopes de unos 9 centímetros de largo.

La influencia del Distrito Federal ha llegado a muchas regiones y por esto llaman a estos antojitos de otras formas o los hacen redondos, pero que quede asentado que el sope original es ovalado.

Aunque se les encuentra por la mañana, recuerdo que hace tiempo los sopes se vendían por las noches para la cena.

Sopas

Arroz blanco

La receta de arroz al estilo del Distrito Federal que aquí presento es la que me enseñó a hacer la señora María Elena Trujillo, una gran cocinera de guisos caseros.

Esta preparación es el acompañamiento más común en los platillos mexicanos. Debido a su sabor neutro, combina muy bien con casi cualquier platillo, desde un caldo de pollo ligero hasta un mole.

Arroz rojo

El también llamado "arroz a la mexicana" es un clásico indispensable en cualquier recetario, prácticamente cualquier guiso se acompaña con él. "A la mexicana" es el estilo como se prepara, pero también se le llama así por lo verde de los chícharos y los chiles, el blanco de los cubos pequeños de papa, que con frecuencia lleva, y lo rojo del jitomate.

Crema de flor de calabaza

En el centro del país somos enormes consumidores de flores de calabaza y llegan a ser tan cotidianas que a veces no se aprecian tanto como en otras partes del mundo, donde sólo se consiguen en verano o en otras pocas temporadas. En una quesadilla o en un tazón de crema de esta flor podemos comer hasta 15 sin darnos cuenta.

Pocos saben que lo que comemos es la flor macho de la planta, ya que la hembra no se corta porque ésta es la que produce la calabaza. Es un producto muy delicado que debe ser recolectado muy temprano por la mañana y llevado a los mercados para su venta inmediata.

Se aconseja consumirla el mismo día o, de lo contrario, se sugiere envolverlas en toallas de papel humedecidas ligeramente y guardarlas dentro de una bolsa de plástico, asegurándose de que tenga pequeños hoyos por donde puedan respirar las flores, así se conservan tres días como máximo.

Cuando se compra la flor de calabaza, su apariencia debe ser limpia; si presenta ciertas impurezas hay que retirarlas con las manos. Evite lavarlas o sumergirlas en agua. Es importante no limpiar o retirar muchas partes de la flor, hay cocineros que la limpian tanto que acaban utilizando únicamente los pétalos y esto es totalmente incorrecto.

Por antonomasia, la crema de flor de calabaza es considerada una de las cremas más sofisticadas entre las cocinas del centro del país, donde abunda esta flor todo el año. Se requieren 10 flores por comensal, aproximadamente. Esta crema es uno de los ejemplos que siempre pongo para explicar cuán lujosa puede ser la cocina mexicana; es una verdadera extravagancia licuar todas las flores con el fin de hacer una sopa que, para nosotros, en ocasiones ya es demasiado cotidiana.

Las flores de calabaza se pasan por agua caliente y de inmediato se refrescan con agua helada para resaltar el color amarillo, de lo contrario la sopa tiende a quedar verdosa. Utilice crema espesa o crema para batir. Cuide que no hierva demasiado porque se puede cortar.

Para quienes gustan de la innovación, esta sopa puede ser tan cosmopolita como lo deseen; pueden intercambiar los tipos de queso, el queso panela se podría sustituir por brie o gruyere. En muchos banquetes se sirve hojaldrada.

Sopa de caldo de pollo

En los restaurantes y fondas siempre se hace sopa de caldo de pollo; a veces resulta ser una verdadera sopa grande de verdura; algunas contienen garbanzos y arroz. Cualquiera de las versiones suele acompañarse con gotas de jugo de limón y las llamadas "verduras", aunque en realidad son chile verde, cebolla blanca y cilantro picado. Esta guarnición se coloca en la mesa y es el comensal quien debe prepararla a su gusto.

El caldo de pollo es el que se obtiene de la cocción del pollo y que se utiliza para hacer otras sopas o guisos, pero cuando aparece en la carta de una fonda o restaurante se trata de la sopa antes descrita.

Antiguamente era muy común utilizar gallina vieja, que le daba muy buen sabor al caldo, pero el pollo ha venido a sustituir a casi todas las aves. Además, es el caldo más utilizado en todas las regiones del país.

Caldo de hongos silvestres

En la época de lluvias, de junio a septiembre, abundan los hongos silvestres de todo tipo en los mercados populares del centro del país; usted puede usar los que encuentre, solamente he incluido las distintas variedades para dar un ejemplo de la diversidad que existe. Escójalos por su color o forma.

Para mí, ésta es una sopa lujosa que sirvo en cenas muy elegantes en las que a veces utilizo ocho o nueve diferentes tipos de hongos. Los que viven en las ciudades o zonas calientes no entenderán por qué la incluí como un gran clásico, pero lo hice porque los campesinos que habitan en el Estado de México y Michoacán, donde se dan los hongos silvestres, hacen una sopa muy parecida a ésta. Algunas son muy picosas porque el caldo incluye chile guajillo para dar color, y chiles chipotle, morita o de árbol, para dar picor.

Procure no lavar los hongos, sólo límpielos. Sugiero cocinarlos por separado porque cada hongo es diferente; además, de esta forma, cada uno desarrolla más su propio sabor.

Sopa de milpa

Se supone que la sopa de milpa debería contener los productos que produce el sistema de cultivo de una milpa, que son el elote, la calabaza y el frijol, entre otros, pero este último ingrediente casi nunca aparece en el platillo. Sin embargo, es muy buscada porque se considera una sopa de verduras; casi siempre contiene flores de calabaza. Asegúrese de que los elotes estén bien tiernos.

Sopa de habas

Durante la cuaresma, en los días de vigilia, esta sopa es muy popular. Cuando se anuncia en los sencillos menús de las fondas, todo el mundo sabe que se trata de habas secas, las cuales, dependiendo de la cocción, pueden estar algo enteras o totalmente desechas. Esta sopa tiende a espesar al segundo día. Debe asegurarse de que las habas estén peladas, es decir, deben ser de color amarillo mostaza.

Además de las guarniciones que sugiero en la receta, otras pueden ser tiritas de tortilla fritas, tiritas de chile pasilla fritas, cubitos de jitomate fresco, chorizo, etcétera.

Sopa de lima

Es la sopa más conocida de Yucatán, a todos les gusta mucho por su sabor delicado. La magia de la sopa consiste en utilizar gotas y rebanadas muy delgadas de lima (*Citrus limeta*), que se distingue por su piel arrugada de color verde con una especie de pezón en uno de sus extremos.

No espere una sopa ácida o de sabor fuerte; de hecho, el sabor de la lima es tan sutil que puede resultar imperceptible. El chile dulce es una variedad muy aromática típica de la península de Yucatán, vale la pena tratar de conseguirlo o puede sustituirse por pimiento morrón.

En la mesa siempre debe haber una salsa picante, como la tamulada de chile habanero o ixnipek, para que cada comensal añada el picor que desee. Aunque sólo se sugiere con pechuga de pollo, algunas recetas antiguas incluyen mollejas e higaditos; sin embargo, estos dos ingredientes no me agradan en la sopa y creo que le hacen perder su sutileza.

Sopa de tortilla

La también llamada "sopa azteca" es tal vez la sopa más popular y clásica en los restaurantes y cafeterías de la ciudad de México. La receta que presento es al estilo Café Azul y Oro. Una de las cosas que hacen especiales a estas sopas son las guarniciones, en algunos casos se usan chiles chipotles, trocitos de chicharrón o pollo deshebrado; esto varía según quién la prepare.

Ceviches

Ceviche blanco

Quizá es el ceviche más común que se hace en las costas de México. El pescado varía de región en región; casi siempre se usa sierra, peto, cintilla, y a veces se puede volver algo muy lujoso y hacerse de huachinango, mero o robalo. En Tamiahua, Veracruz, se utiliza una variedad de trucha muy blanca que se desarrolla de manera silvestre en la laguna.

Si utiliza robalo, huachinango, mero o trucha, bastan de 15 a 30 minutos para marinarlo. Procure no pasar de 2 horas, pues el pescado tiende a deshacerse con facilidad y perder su sabor agradable.

En el caso de la sierra, el peto y la cintilla, sí hay que marinar por lo menos 2 horas, e incluso se puede dejar toda la noche en el refrigerador.

Vuelve a la vida

El vuelve a la vida es el extremo máximo de todos los cocteles y ceviches del país, en el que se conjuntan varios tipos de mariscos; generalmente las porciones son muy generosas y es un plato único. Se le nombra así debido a su alto contenido proteínico, aunque también hay que decir que éste es un alimento muy buscado en las costas del Golfo de México por los trasnochados o personas con resaca. El "vuelve" es de alguna manera equivalente a la "pancita" del centro del país.

En caso de no encontrar algún marisco, sustitúyalo por otro. En muchos supermercados se encuentran los pulpos ya cocidos, listos para comer.

Aguachile

El curioso nombre de esta receta proviene del hecho de mezclar el agua con el chile para darle sabor al camarón. El aguachile es sin duda una gran botana cuando se bebe cerveza, y una buena entrada en una comida. También es un ceviche único en su especie, su peculiaridad y secreto consisten en que los camarones deben estar muy frescos y nunca haber estado congelados; la marinada se vierte justo antes de servirlos, de lo contrario se cuecen totalmente y pierden su delicadeza; deben quedar más crudos que cocidos. El camarón ideal para preparar el aguachile es el de estero, pero cualquier camarón fresco sirve.

Tradicionalmente, el aguachile se acompaña con tostadas, que pueden sustituirse por totopitos. Algunos agregan cebolla picada, trozos de jitomate y pepino, y en las marisquerías la gente suele untar con mayonesa las tostadas y colocar en ellas los camarones. Si el comensal gusta, se agregan gotas de salsa picante. A mí me gustan los camarones solos con tostadas.

Muchos cocineros simplemente licuan todos los ingredientes de la marinada, pero esto desmerece el sabor del aguachile, por lo general queda muy picoso. Algunas personas acostumbran beber al final el jugo sobrante.

Tiritas de pescado

En las playas de La Ropa, Las Gatas y los alrededores de Ixtapa Zihuatanejo, Guerrero, se pueden encontrar ceviches muy similares a éste. Aunque se puede hacer con huachinango o pargo, es suculento con robalo. Asegúrese de que el pescado sea muy fresco y esté cortado en tiras delgadas. La cebolla y el chile deben estar cortados en tiras tan delgadas que parezcan pajas. Es indispensable utilizar pimienta negra recién molida; de ello depende gran parte del éxito de esta receta. Tenga todos los ingredientes listos para preparar el ceviche justo antes de servir. No deje marinar el pescado mucho tiempo en el limón, cuanto más crudo mejor.

Ceviche de sierra y camarón

En lugar de sierra puede utilizar peto o cintilla. Note que el camarón no se marina, pues ya viene cocido. Este ceviche está basado en la receta de don Juvenal Vidal, un antiguo morador de Coatzacoalcos, Veracruz, quien lo hacía de forma magistral. Su preparación debe comenzarse idealmente un día antes, o por lo menos con 2 horas de anticipación.

Frijoles

Frijoles de la olla

Aunque parezca una obviedad, sería imperdonable no incluir una receta de los frijoles de la olla, o caldosos, que son el producto de la primera cocción de los frijoles. Se pueden usar como base para sopas y cremas o para frijoles fritos, refritos y de todas las formas imaginables. Esta receta es la del centro del país. La hierba que más se utiliza con los frijoles es el epazote, pero de igual forma se puede emplear cilantro o perejil. La manteca no sólo añade grasa al preparado, sino que ayuda a hacerlo más elástico y mejora su sabor. No es necesario remojar los frijoles antes de cocerlos; la sal se debe agregar hasta el final, cuando la cáscara esté suave, de lo contrario se endurecerá. Los auténticos frijoles de la olla son los que se cuecen en olla de barro, añadiendo agua según sea necesario hasta que queden totalmente cocidos. Este proceso toma varias horas, por lo que mucha gente ha optado por la olla de presión, en la que se cuecen muy rápido.

Frijoles puercos

Durante el tiempo que estudié en San Diego, California, un amigo de Culiacán, Sinaloa, me enseñó a preparar estos fantásticos frijoles puercos.

Frijoles charros

Cuando las familias o los amigos se reúnen para hacer una fiesta o carne asada, siempre alguien trae una receta similar a ésta: frijoles caldosos con otros ingredientes, como tocino y chorizo.

Se toman como sopa o como acompañante de otros alimentos. De esta misma receta surge otra variante: los llamados "frijoles borrachos", a los que simplemente se les añade cerveza al final de la cocción. Aunque hoy esta receta es conocida en muchas partes de México, su origen está en los estados del norte del país. En Coahuila, en general, se prepara con frijoles bayos o flor de mayo; en Tamaulipas y Nuevo León se utilizan a veces frijoles canarios.

Frijoles refritos

Antiguamente, los frijoles machacados se pasaban a través de un cedazo para asegurarse de que quedaran bien molidos, por esto en Yucatán los llaman "frijoles colados". En los estados costeros del Golfo de México el frijol predominante es de color negro, y en los estados del Pacífico y las partes centrales existen variedades de color claro, como los bayos o el flor de mayo.

Frijoles maneados

Los frijoles maneados sonorenses son muy sabrosos. Hay quienes dicen que deben llevar tanto queso que al levantar la cuchara se vean hebras de queso fundido.

En Sonora los frijoles refritos se hacen con mucha delicadeza, y se prefieren mucho más que los frijoles caldosos.

Es una exigencia sonorense que los frijoles estén por lo menos refritos o maneados. En algunas recetas se utiliza chile colorado, el cual se puede añadir a la receta, pero en mi versión prácticamente sólo utilizo queso y frijoles. Utilice un queso que se funda bien, como el Chihuahua menonita, el manchego, el mexicano o el Oaxaca.

Chiles rellenos

Chiles en nogada de Atlixco

Para mí, esta receta siempre será la más original, porque fue la primera que aprendí a preparar y me sigue fascinando, especialmente por el hecho de que el relleno no contiene tanta carne como muchos lo esperarían y la nogada no es dulce. Realmente la fineza de esta preparación no tiene igual.

Debo decir que ésta fue la receta que llevamos al Hotel Bristol de París en septiembre de 2005, cuando México presentó la candidatura formal ante la UNESCO para incluir a la cocina mexicana como patrimonio intangible de la humanidad. Si tan sólo pudiera contarles las vicisitudes que pasamos para conseguir los chiles poblanos frescos en París, y todo lo que Elsa Kahlo tuvo que hacer con el fin de llevar las nueces frescas empacadas al alto vacío, para lograr servir estos chiles en la elegante cena con la que se cerró el ciclo de cenas demostrativas. Aquella noche fue espectacular.

La familia Traslosheros ha conservado por generaciones sus recetarios. A continuación transcribimos la descripción hecha por el señor Traslosheros sobre la forma en la que se han preparado los chiles en nogada en su casa durante varias generaciones:

"Los chiles en nogada son un platillo regional poblano. Su origen data del siglo XVIII y se considera una receta de estilo barroco por la gran cantidad de ingredientes que contiene, por lo detallado de su elaboración (la nuez debe

ser fresca y pelada a mano) y lo especial de sus componentes (manzanas panocheras, peras de San Juan, duraznos amarillos, queso de cabra poblano, chiles poblanos), los cuales sólo se pueden conseguir en la región y en una determinada época del año.

"En la familia Traslosheros los chiles en nogada siempre han sido una tradición. El 28 de agosto de cada año es cuando familiares y amigos nos reunimos para convivir y degustar este sabroso y esperado platillo, pues sólo en esta época del año es posible prepararlos.

"La primera persona que los elaboró en la familia, y de la que se tiene memoria, fue la señora Azcárate Pérez de Traslosheros (1832-1896), originaria de Puebla, quien aprendió a prepararlos de la familia Azcárate (su abuelo Juan Andrés de Azcárate, 1767-1831, fue un prócer de la Independencia) o de la familia Pérez (su tío Francisco Pérez, 1798-1868, fue gobernador de Puebla).

"Posiblemente, como cuenta la tradición, los chiles en nogada fueron ofrecidos a Agustín de Iturbide por alguna de estas familias.

"Después de un tiempo, la señora Laura Ávalos Elizalde de Traslosheros (1872-1946), originaria de Atlixco, los aprendió a hacer de su suegra, pero suprimió el vino jerez y el azúcar de la receta original en que la nogada era dulce, pues su familia no los preparaba de esa manera.

"Luego, la señora Concepción Madrid Mendizábal de Traslosheros (1911), cuya familia materna era originaria de San Pedro Coxtocan, en Huejotzingo, tomó la receta de su suegra, pues en su familia se hacían con aceite y vinagre (familia Olaguíbel).

"Por último, la señora Elia Béjar Rojas de Traslosheros (1942) los aprendió a hacer de su suegra, siendo ésta la receta que se transcribe y que, según parece, fue de la familia Ávalos Varela Valdetaro, de Atlixco."

Lo anterior no es una fantasía ni un cuento más sobre los chiles en nogada. Es la historia culinaria de una familia que ha guardado celosamente las recetas de estos chiles. Afortunadamente para la cultura de México, esta familia tuvo desde muchas generaciones atrás el cuidado de reescribir la receta, pero no de manera aislada, sino como parte de un recetario completo en el que cada ama de casa dedicada a las labores del hogar y la cocina fue agregando, entre otras recetas, su versión de los chiles en nogada.

Esmerada labor es también la de los hombres de esta familia, quienes además de apreciar verdaderamente estos chiles, solían ayudar a pelar las nueces (sobre todo las últimas generaciones) y procuraron que sus hijas, hermanas y esposas también aprendieran la receta. El señor Traslosheros se tomó la tarea de conservar recetarios antiguos de su abuela y de su madre en los que año tras año escribieron con toda precisión su propia receta.

En estos recetarios (muy deteriorados por el paso del tiempo y escritos con tinta) encontramos otras recetas de chiles en nogada de su madre en las que aparece una salsa de nogada que incluye vinagre y vino tinto, y donde señala que no era de su agrado. La receta que ofrecemos en este libro es la gran favorita de la familia Traslosheros.

Todo lo anterior es muy importante porque, sin querer hacer una nueva historia de los chiles en nogada, existen muchos datos históricos comprobables de esta familia que nos ayudan a despejar un sinnúmero de ideas y dudas que existen sobre las recetas originales, mismas que siempre han sido objeto de controversia.

De acuerdo con lo que informa esta familia, existen evidencias de que las recetas originales de los chiles en nogada son anteriores a la llegada de Agustín de Iturbide a Puebla, para quien supuestamente fueron creados. Es dudoso que la auténtica receta haya salido de un convento de Puebla, ya que aunque la familia tuvo vínculos con algunos conventos, se trata de una receta que la madre enseñaba a su hija o hijas encargadas de cocinar para los varones de las haciendas en que vivieron.

Muchas recetas de la nogada incluían vinos como tinto o jerez, e incluso vinagre o aceite. La familia Traslosheros recuerda que otras familias hacían ocasionalmente los chiles sin capear. La temperatura a la que se deben servir los chiles en nogada también es tema de discusión, pues unas recetas dicen que se deben servir fríos; otras, que calientes, y otras más, a temperatura ambiente.

Chiles en nogada contemporáneos

Aunque soy muy costumbrista, también acepto que las recetas tradicionales evolucionan, y aunque no siempre me fascinan las versiones contemporáneas, esta receta de Cristina Solís me parece que es una verdadera continuidad moderna tomada de las antiguas recetas. Uno de los datos curiosos que tiene ésta es la utilización del queso crema, el cual se puede sustituir por queso fresco. Es muy importante utilizar un vino jerez español seco, ya que la salsa puede resultar desagradable si se utiliza cualquier otro vino de menor calidad, en este sentido no hay sustituto. No intente utilizar vino dulce, no funciona.

Chiles jalapeños rellenos de minilla

Ésta es una de las recetas más personales de todo el libro; fue una de las primeras cosas que aprendí a hacer en mi vida, y ya no puedo contar a cuántos países, congresos y festivales he llevado estos chiles.

Recuerdo que cuando niño, entre las familias y las fondas locales de Xalapa, Veracruz, había una verdadera competencia moral para ver quién hacía o tenía los mejores chiles jalapeños rellenos; incluso se invitaba a comer a los amigos o se enviaban chiles a los vecinos como muestra de amistad, pero también para demostrar que la receta de cada familia era buena o mejor que otra. Los chiles jalapeños rellenos son tan preciados que incluso forman parte del menú en grandes fiestas y bodas. Recuerdo haber estado en fiestas de 300 o 400 personas donde se servían los chiles como entremés o guarnición. En Xalapa los chiles jalapeños de carne de cerdo o pollo se pueden encontrar todo el año, pero los rellenos de pescado son exclusivos de la cuaresma.

Minilla es el nombre genérico que se le da a diversas preparaciones de pescado en la región del Sotavento, por lo que no debe extrañar que una minilla parezca un ceviche o un guiso tipo bacalao preparado con pescado fresco.

El atún en lata es muy común y está sustituyendo a otros pescados por su bajo costo y disponibilidad. La minilla puede prepararse con anticipación y servirse acompañada con arroz o en tostadas. Se conserva bien congelada.

Aunque en Xalapa estos chiles se consideran un plato fuerte, creo que son una excelente y lujosa botana para acontecimientos importantes o un entremés en una comida o cena formal, por lo cual recomiendo servir dos chiles por persona. Asegúrese de exprimir bien el atún, para eliminar el líquido.

Chiles poblanos rellenos de picadillo sencillo con papa

Ésta es la típica preparación casera que toda ama de casa hace en cualquier día de la semana. No todas las recetas tienen que ser glamorosas, y ésta, aunque tiene pocos ingredientes, es muy sabrosa.

Por supuesto que a esta base se le pueden agregar almendras, aceitunas y pasitas.

Si lo desea, puede usar un solo tipo de carne.

Chiles chipotles tamarindo rellenos de queso Cotija

Escogí esta receta porque es verdaderamente exquisita y creo que sobresale entre todas las que se hacen de chiles chipotles. Me la proporcionó Alejandro Pérez Muciño, es una receta familiar del Estado de México. La publiqué originalmente en el libro *Los chiles rellenos en México*.

Se les llama "chiles chipotles tamarindo" por la apariencia de su piel, que es como la del fruto. En otros lugares se les conoce como

"chiles mecos". En algunos mercados populares los venden ya desvenados y por pieza.

En caso de no encontrarlos, pueden sustituirse por los chiles chipotles grandes rojos que se utilizan en el área de Xalapa, Veracruz, para rellenar. En Puebla puede utilizarse otro chile al que llaman chipotle Navidad, y en Oaxaca puede emplearse el chile pasilla oaxaqueño.

Moles

Mole de olla

Uno de los guisos más frecuentes en las fondas que yo recuerdo es el mole de olla; hace muchos años me intrigaba cómo se hacía este maravilloso caldo del cual fui descubriendo diferentes versiones.

Remontándonos a la historia, es claro que este mole se hace en una olla de barro en la que se cuece la carne y se le añade una salsa o

mole de chile pasilla. He probado diferentes versiones de cocineras del Estado de México y la ciudad de México; sin embargo, la más sabrosa provenía del estado de Hidalgo; esto lo sé porque siempre que algún mole de olla me gustaba yo les preguntaba a las cocineras sobre su origen. Mi versión la he hecho conjuntamente con Guadalupe

Gómez Alfonso, cocinera del Café Azul y Oro. El mole de olla clásico se hace con chambarete de res, pero otras versiones pueden ser con cola de res o espinazo de cerdo.

Recordemos que éste es un plato fuerte y único tiempo, que sólo se complementa con tortillas de maíz, por lo que la porción debe ser generosa y es común que los comensales repitan.

Mole poblano

No podía faltar el vanagloriado mole poblano, considerado el platillo nacional por excelencia. La vida de muchos mexicanos está marcada con este platillo que es parte de las celebraciones más importantes, como cumpleaños, bautizos, bodas e incluso velorios y Día de Muertos.

El origen del preparado es muy antiguo, se sabe que en tiempos prehispánicos los antiguos mexicanos preparaban diferentes salsas molidas y espesas a las que llamaban *mulli*, palabra náhuatl traducible como "salsa" o "guiso". Con el paso del tiempo estas salsas se fueron modificando y se les aumentaron ingredientes hasta llegar a preparados muy parecidos a lo que hoy conocemos como mole poblano. Espero que con esto quede claro que la invención del mole no es conventual como siempre se ha afirmado.

Una leyenda (al fin leyenda) cuenta que una monja en un convento de la ciudad de Puebla combinó por error todos los ingredientes y así nació la receta. Esto es poco serio, porque todo el que haya hecho mole sabe que se requiere una gran precisión en el uso y la cantidad de los ingredientes, además de que los chiles no se mezclan al azar. Se requiere mucho conocimiento para hacer que la salsa tenga un verdadero equilibrio de sabor, es decir, picosito y al mismo tiempo dulzón y especiado, porque no hay nada más desagradable que un mole muy picoso o que todo sepa a canela.

Otro de los factores que prueban que no fue una creación totalmente conventual es que para hacer el mole se requería moler todos los ingredientes en el metate, técnica culinaria que era dominada por las indígenas. En el mejor de los casos, en los conventos se utilizaron más frutos secos y la salsa se hizo más compleja. Hasta el día de hoy existen muchas comunidades indígenas en Puebla que no tuvieron contacto alguno con los conventos y que hacen moles ancestrales, a los que se les llama "moles rancheros", en los que predominan los chiles y tienden a ser más sencillos.

Hoy en día, el mole poblano es una salsa muy compleja que a todos gusta. En esta obra presento una receta cuyo sabor será muy similar a los moles que pruebe cuando visite la ciudad de Puebla, Puebla.

Muchas cosas han cambiado en la forma de hacer el mole. Antaño, todos los ingredientes se molían en metate; ahora se hace en licuadora o se llevan al molino en caso de que sean grandes cantidades. Las recetas antiguas no contenían chocolate o utilizaban muy poco; actualmente, la cantidad de chocolate ha aumentado de manera considerable. El pavo se utiliza cada vez menos y el pollo ha tomado su lugar. Hoy en día, muy pocos conventos siguen haciendo mole.

Los tipos de chiles y las cantidades a utilizar son motivo de controversia, lo mismo pasa con los demás ingredientes y especias, pues hay tantas versiones de mole poblano que sería muy difícil unificar criterios. Todos sabemos que cada pueblo o familia tiene una receta propia, que unos asan los chiles y otros los fríen; lo mismo sucede con las especias, se asan o se dejan al natural.

No se deje intimidar por lo largo de la receta, no es tan difícil como parece; además, hay muchas cosas que pueden tenerse listas con días de antelación. No requiere una gran cocina ni grandes cazuelas para hacerlo, pues la receta está ajustada para hacerse en casa. Se debe advertir que el volumen a preparar es considerable, pues no vale la pena hacer cantidades pequeñas de mole. Siempre se hace para festejar a alguien o en alguna ocasión especial.

Aunque la receta no lo indica, los chiles deben estar limpios, es decir, sin venas ni semillas ni rabos; también deberá retirarse cualquier parte decolorada que los chiles pudieran tener.

En total necesitará unos 7 litros de caldo de pollo. Notará que la receta lo pide poco a poco, conforme se va necesitando en cada paso.

No se considera el caldo de pollo que se obtiene de cocer las piezas de carne que se servirán con el mole, porque no sería suficiente para todo el guiso y porque es probable que el mole se haga días antes. De esta manera podrá cocer el pollo fresco el día que decida servir el mole.

Definitivamente, recomiendo hacerlo por lo menos con 1 día de antelación; lo ideal sería de 3 a 7 días. El mole sabe mejor de un día para otro, entre recalentada y recalentada gana sabor. La salsa se congela muy bien por varios meses. Esta receta rinde para más de

24 porciones generosas. Para esta cantidad necesitará una cazuela de barro grande, más conocida como "molera", o una olla metálica grande no menor a 30 centímetros de diámetro por 13 de altura, de lo contrario no cabrá todo el preparado. Asegúrese de que la olla metálica sea de fondo grueso, esto ayuda a que la salsa no se pegue al fondo con facilidad.

Al enfriarse, el mole se espesará. Cuando lo recaliente, espere a que esté totalmente caliente y, si estuviera muy espeso, añada más caldo.

La consistencia óptima del mole es cuando cubre por completo el dorso de una cuchara, y al pasar un dedo por encima de ella quede un surco sin que la salsa se corra. ¡Ánimo!

Mole verde de Michoacán

Éste es el estilo de mole verde de Michoacán; en cada región hay un tipo de mole verde diferente. Los moles michoacanos gozan de mucha reputación, particularmente me gusta ese sabor a pepitas de calabaza, hierbas y hojas verdes del guiso.

En el área de Orizaba, Veracruz, se hace con carne de cerdo, tomate verde y chile verde, contiene verduras como chayotes y calabaza, tiene más la apariencia de un caldo espeso que de un mole.

En varios estados del centro del país el pipián verde es considerado mole verde.

En Oaxaca se hace con carne de cerdo, y la salsa se espesa con un poco de masa. Se caracteriza por contener unas bolitas de masa de maíz llamadas "chochoyones"; éstos, a su vez, se sustituyen con frijoles blancos que están mezclados en toda la salsa.

Nunca podré olvidar el día que la señora Catalina Cruz Ángeles me enseñó a hacerlo; me parecía mucho, y le pregunté si esa gran cantidad era para seis, a lo que me respondió: "De este mole se hace mucho aunque sea para seis, por si llega algún invitado que no se espera o para el recalentado del día siguiente, especialmente ahora que es más fácil hacerlo porque hay licuadora; antes había que moler todo en metate."

También puede hacerse con pollo, aunque no es tan sabroso. Con esta receta se puede dar de comer a más de seis personas.

Pipián rojo

Los pipianes son guisos muy importantes en varios estados, principalmente se hacen con pepitas de calabaza y otras semillas, como las de los chiles y el ajonjolí. De ellos existen tres colores básicos: verde, blanco y rojo; el verde se hace con pepitas peladas, tomates verdes, chiles verdes y otras especias; el blanco, que en realidad es color beige, se prepara con pepitas enteras sin pelar, especias y algún chile que no aporte mucho color, como el chipotle meco; y el rojo se elabora con pepitas peladas o sin pelar, especias, y chiles anchos y guajillos.

Este preparado es muy antiguo, se sabe que en el periodo prehispánico los mexicas usaban salsas hechas con pepitas de calabaza y chile para comer pescado y animales de caza. También se sabe que se hacía con pavo o totol. En la actualidad se usa carne de gallina, pollo, pavo, cerdo, res o conejo.

En Chihuahua, Coahuila y algunas partes de Nuevo León se hace para cuaresma con nopales y chile colorado, y especias como ajo y comino. En otras épocas del año se prepara con carne de pollo.

En Colima es un guiso común que contiene chile guajillo o pasilla, pollo, guajolote, res o cerdo. Se espesa ligeramente con masa de maíz o maíz nuevo tostado.

En Guanajuato se le añaden xoconostles, chile guajillo, pollo o conejo.

En Hidalgo se prepara con carne de cerdo, chile ancho y chilacayotes.

En Oaxaca se acostumbra el pipián de viernes o pipián de vigilia, con chile chilhuacle, ancho o guajillo, ejotes, alverjones, chícharos, papas, nopales, huevo cocido y camarones secos. En otras temporadas se sustituye el camarón por pollo.

En Puebla existen varios tipos de pipianes hechos con chile ancho, guajillo o pasilla, y carne de cerdo o pollo.

En Tabasco se colorea con achiote, jitomate y pimienta gorda como especia. Se sirve con carne de ave o con huevos cocidos.

En Veracruz, en el área de Xalapa, se emplea la flor de izote para sustituir a la carne.

En Yucatán se condimenta con achiote. En el pasado fue común con carne de venado, pavo de monte o faisán.

En Zacatecas contiene chiles guajillo y ancho. Durante la cuaresma se hace con orejones de calabaza seca y tortitas de camarón seco.

Encacahuatado

El encacahuatado es una salsa cuya base son cacahuates molidos. Se considera exquisito y por esto se hace en fechas especiales. Los cacahuates totalmente molidos o ligeramente granulosos se mezclan con especias y chiles secos. Las dos carnes más usuales son el cerdo y el pollo. En Oaxaca, Puebla, Tlaxcala, ciudad de México y Veracruz es muy apreciado.

Mole amarillo

Sigo creyendo que el mole amarillo no sólo es uno de los siete moles más famosos de Oaxaca, es también uno de los platillos más sofisticados del país. Se puede hacer con diferentes tipos de carne, y la hierba aromática cambia dependiendo de la carne que se utilice; cuando es con pollo se usa hoja santa. Durante la Semana Santa se hace de verduras y en algunas regiones se cocina con hongos. En ambos casos la hierba aromática es el chepil. Si se utiliza carne de cerdo, preferentemente se emplea pitiona; en otras carnes, como el conejo o el venado, se usa hoja de aguacate.

El color de la salsa ha cambiado en los últimos años debido a que el chile original con que se hacía se ha vuelto muy escaso y caro; se trata del conocido chile chilhuacle amarillo, el cual se combina a veces con chile chilcostle. Actualmente, el chilhuacle amarillo se sustituye por el chile guajillo, y por ello, la salsa resulta un poco más anaranjada.

Este mole es muy importante para muchas comunidades de Oaxaca. En la sierra de Juárez se prepara con hongos silvestres, en Juchitán se hacía antiguamente con carne de venado, y otra versión es el mole amarillo de panza de res. En la Mixteca se hace con carne de res, chiles costeño y amarillo. Los chocholtecos lo preparan con conejo, con carne de res o con nopales. Los chinantecos, los popolocas y los mazatecos solían elaborar el mole amarillo con carne de tortuga o armadillo; actualmente lo hacen con carne de res o pollo y verduras. En San Pedro Ixcatlán preparan el mole amarillo con huesos de cerdo asados, condimentado con hojas de aguacate y achiote.

En otras comunidades y regiones se hacen moles amarillos de todo tipo, con carne de gallina o guajolote. El mole toma carácter festivo y en algunos casos ritual.

Éste es un mole de consistencia caldosa y espesa, por lo que recomiendo servirlo en plato hondo o tazones. Con la salsa que sobra se acostumbra rellenar las famosas empanadas de amarillo y los tamales de mole amarillo.

Los chochoyones o chochoyotes son pequeñas bolitas de masa que se utilizan en diversos platillos de la cocina oaxaqueña, especialmente en el mole amarillo, el mole chichilo negro y la sopa de guías. En esta receta se proponen unos chochoyones chicos para servir cuatro por plato, aunque en realidad los originales son más grandes.

Pipián verde

¿Pipián verde o mole verde? En realidad son las dos cosas. En términos generales el pipián verde es una salsa espesada con pepitas de calabaza y mezclada con especias, hierbas aromáticas verdes y chiles verdes. Ubico el pipián verde como un guiso o mole verde de los estados del centro del país, con escasas diferencias entre una entidad y otra, casi siempre es de pollo o cerdo, como la receta que he escogido.

En el estado de Puebla es muy típico y tal vez el lugar donde se encuentre con mayor frecuencia; los chiles son serranos o poblanos, y los aromáticos son epazote, cilantro u hoja santa.

En Hidalgo y en otros lugares también se emplea hoja santa para perfumarlo.

En la ciudad de México se pueden encontrar todo tipo de pipianes verdes.

En el Estado de México y otras entidades se emplean hojas de lechuga o de rábano, además de las hierbas y especias.

En Michoacán se utilizan chiles poblanos para darle color a la salsa, y ajonjolí para hacerlo más anuezado; estos ingredientes también se incluyen en varias recetas de otros lugares del centro del país.

En Morelos se hace con pavo o gallina; además de los ingredientes comunes, se emplean los rabos de cebolla molidos en el guiso. Este pipián o mole verde se acompaña tradicionalmente con tamales nejos.

En Veracruz, en el área de Tuxpan y Tamiahua, se hace con pepitas de calabaza, chiles serranos y cilantro. La salsa es muy sutil, con ella se hace una especie de enchiladas a las que llaman "empipianadas"; también se sirven con camarones y acamayas.

La receta que presento en este libro me fue proporcionada por el señor Oseas Carreola Hernández. La descubrí en la taquería "La Aloa", ubicada en Amores 327, colonia Del Valle, en la ciudad de México.

Por desgracia, la taquería cerró sus puertas tras el fallecimiento de don Oseas; afortunadamente me dio la receta cuando yo escribía el libro *Verde en la cocina mexicana*. Él era originario de Tuxpan, Veracruz, y aunque la receta es veracruzana, se parece mucho a las poblanas y a las de otras partes de la república.

Manchamanteles

El manchamanteles es otro de los grandes moles del centro del país y al mismo tiempo muy distinto a los demás. Se caracteriza por ser un guiso de salsa roja, casi siempre dulzona, en la que se incluyen trozos de frutas, como piña, plátano macho, manzana, pera, durazno y, en algunos casos, jícama y tamarindo; sin embargo, no siempre las recetas incluyen todas las frutas, éstas varían según el estado.

En Oaxaca es considerado uno de los siete moles, hay versiones sencillas que se hacen con chiles guajillo, ancho, pasilla oaxaqueño, algunas especias, trozos de plátano macho y piña. Otras versiones son más condimentadas, con almendras, pasas, clavo y canela, además de los ingredientes del anterior. Generalmente, se hace con carne de cerdo o pollo.

En Puebla se cocinan manchamanteles tan complejos como los de Oaxaca, lo que los hace diferentes son las frutas; además del plátano macho y la piña, pueden incluir manzana, pera o durazno.

En la ciudad de México y el Estado de México se hacen salsas parecidas e incluyen jícama.

En Jalisco y Guerrero se preparan con carne de cerdo, chile ancho y condimentado con especias, y no contienen frutas.

No sabía que había una versión de manchamanteles veracruzano; de hecho, es una receta que siempre he pensado que sólo les pertenece a Oaxaca y Puebla; sin embargo, Odín Vargas, chef ejecutivo del hotel Pueblo Bonito Sunset Beach, me enseñó esta preparación en julio de 2007 en un encuentro de Cocineros Mexicanos en Los Cabos, Baja California Sur. Cuando indagué más sobre esta receta, el chef me contó que era de su abuela, Sofía Rodríguez de Vargas, quien la cocinaba en fechas especiales.

Uno de los grandes trucos de la receta es sumergir los chiles en vinagre. De acuerdo con el chef, esto provoca que el chile ancho recupere su tono rojo encendido cuando se rehidrata; de hecho, él aconseja remojar los chiles por toda una noche.

Para mí, lo más increíble es que ésta es una de las recetas más sabrosas que he probado, y que en cata ciega yo hubiera dicho que era poblana.

Tamales

Harina de maíz fresca para tamales

Es importante no confundir este término. Para hacer tamales existen la masa de maíz y la masa de harina de maíz. La primera es la que se utiliza para las tortillas, aunque cuando se utiliza para hacer tamales se procura que sea una masa de nixtamal de calidad. La segunda se prepara de forma diferente: se utiliza maíz blanco o cacahuacintle, se nixtamaliza, drena y deja secar; después se lleva a un molino especial en el que se muele en seco, generalmente se repite el molido hasta obtener un polvo fino un poco húmedo, luego se cierne en bastidores y se retiran todas las cáscaras y hollejos; si es necesario se vuelve a cernir. En algunos molinos tienen dos cernidores, uno grueso y otro delgado para que en la segunda cernida el polvo quede más fino.

A pesar de estas dos cernidas, muchas personas lo procesan una vez más en un colador más fino, por esto los tamales son llamados "tamales de masa cernida" o "tamales cernidos".

Algunos acostumbran nixtamalizar su propio maíz y llevarlo a moler. De 1 kilo de maíz nixtamalizado seco se obtienen 1 ½ kilos de harina de maíz, aproximadamente. El molino antes mencionado es un establecimiento que por lo general se encuentra en los alrededores de los mercados populares; en este lugar también se venden chiles secos y hojas para tamal.

Cabe mencionar que no es el molino común donde se muele el maíz para hacer masa de tortillas; la gran diferencia estriba en que en ésta se utiliza agua al moler los granos, mientras que para la harina el molido se hace en seco.

La harina de maíz es bastante delicada, debe extenderse para que se enfríe tan pronto como se pueda, y utilizarla inmediatamente o refrigerarla por 1 o 2 días máximo, ya que se hecha a perder muy rápido.

Tamal de masa colada

Éstos son tal vez los tamales más especiales que se hacen en todo el país y los primeros que probé en mi vida. Esta receta es tabasqueña, pero Chiapas, Campeche, Yucatán y Quintana Roo tienen sus propias versiones.

Lo que hace verdaderamente especiales a estos tamales es la fineza de la masa, de consistencia casi gelatinosa, que resbala en el paladar con el calor de la boca. Para mí son uno de los máximos refinamientos en técnica y sabor que existen en toda la cocina mexicana.

En ocasiones especiales se hacen con pava, pavo, gallina, pato, pichiche o cerdo. Todos son sabrosos, pero tal vez mis favoritos son con pato; excepto en este caso, todos los caldos de las carnes se pueden utilizar para sustituir el agua de la masa blanca y del "Rojo".

El maíz no se nixtamaliza, sólo se sancocha, esto quiere decir que no se utiliza cal para cocerlo. Para moler el maíz, lo más práctico es comprar un molino manual. Algunos maíces tienen más fécula que otros; en caso de que la mezcla quedara muy espesa, agregue un poco más de agua y de manteca al preparado. Esto no afectará el resultado, simplemente tendrá un poco más de masa blanca para hacer unos tamales extras.

Durante años anduve tras la receta, muchas veces la vi hacer en Macuspana, otras en Villahermosa, hasta que finalmente, después de 30 años, le pedí a Ticha (mi mamá) que la hiciéramos juntos para sacar las cantidades exactas. Así que un día me fui muy temprano de México a Orizaba, Veracruz, donde ella vive, para hacer todo como se indica en la receta.

Un punto relevante es haber ajustado las cantidades para hacer 1 kilo de maíz, ya que por lo general se preparan varios kilos para cientos de tamales.

La receta es larga porque la escribí con detalle, para que los que deseen hacerla no se frustren y puedan sentirse guiados todo el tiempo y sepan qué hacer en cada paso del procedimiento. La receta no es tan larga si se consideran los años que tardé, y todo lo que tuve que hacer, para conseguirla.

Para preparar el rojo antiguo tabasqueño, es importante utilizar el achiote que se produce en Tabasco, porque es puro, no contiene condimentos ni vinagre.

Los totopostes son difíciles de conseguir fuera de Tabasco; sugiero sustituirlos por tortillas de maíz.

Tamal verde

Estos tamales se venden generalmente en los puestos callejeros que se instalan en las salidas de las estaciones del metro o en esquinas estratégicas de la ciudad de México. Los sabores de los tamales casi siempre son de mole con pollo, de rajas y verdes; estos últimos en realidad son con salsa de tomate verde y carne de cerdo. Es curioso notar que nadie lo pide como tamal de salsa verde con cerdo, el comprador sabe que son de esta carne. Muchos acostumbran cocerla antes de armar los tamales, pero esto no es necesario.

En caso de que desee sustituir la carne de cerdo por pollo, necesitará ½ kilo de pechuga de pollo cocida y deshebrada en grueso, que se convertirá en 2 tazas. Estos tamales también son conocidos como "tamales cernidos".

Tamal de rajas poblanas

Popularmente existen dos tamales a los que se les llama "tamal de rajas". Los más comunes se rellenan con salsa verde, una tira de queso fresco o panela y una o dos tiras largas de chile jalapeño. Cuando en los puestos de tamales no se especifica qué tipo de tamal de rajas es, queda implícito que se trata de éste. Otra versión menos común, pero también muy popular, es rellenarlos con salsa roja de jitomate, una tira de queso panela, hojas frescas de epazote y rajas de chiles poblanos. Son deliciosos.

Tamal ranchero de Tlacotalpan

Estos tamales existen en diferentes partes de Veracruz, algunos más sutiles que otros; en este caso se trata de la versión del bello pueblo de Tlacotalpan. También en otras regiones de México se hacen estilos parecidos.

Tamal de chaya

Existen muchas versiones de estos tamales, ya que son tradicionales en Yucatán, Campeche, Quintana Roo, Tabasco y Chiapas. Esta receta es una adaptación que hice antes de empezar a estudiar formalmente la cocina tabasqueña.

Cuando mi mamá me dio la receta de los tamales de chaya, descubrí que ambas preparaciones no eran tan complejas y que había compuesto una muy similar a otro tipo de tamal que en Tabasco llaman "manea". De hecho, la manea de carne de res se hace tal como se indica aquí, pero sustituyendo la chaya por 2 tazas de carne cocida y deshebrada.

Recuerdo que en Tabasco mucha gente también hace los tamales de chaya, es decir, tamales de tamaño grande cuyas proporciones rebasan fácilmente los 10 centímetros de ancho por 20 de largo; los envuelven en una hoja ovalada que llaman "hoja de to". Cuando están cocidos, se destapan y se cortan en pedazos para acompañarse de la misma manera que se hace con los manea.

Tamal de dulce

Hace mucho tiempo, el color rosa de estos tamales se obtenía de la grana cochinilla. El uso de ésta en los alimentos prácticamente ha desaparecido en la actualidad; sin embargo, en Oaxaca se sigue produciendo cochinilla orgánica de gran calidad.

En caso de que desee utilizarla para esta receta, necesitará ½ cucharadita de cochinilla bien molida, la cual debe añadir a un poco de agua hirviendo y ésta a la masa. La tonalidad no siempre es exacta, a veces queda rosa y otras casi color vino, debido a que estamos empleando un colorante natural.

Los tamales dulces se hacen en muchos estados del país, especialmente para las fiestas infantiles y las posadas; casi siempre son de color rosa, aunque no lo necesitan. En Oaxaca se dice que cuando son de este color son para una fiesta de niñas.

Si utiliza el colorante vegetal líquido, puede añadir a la mezcla hasta ½ cucharadita; para obtener más color sugiero ¼ de cucharadita extra. Si se decide por colorantes de importación que vienen en pasta suave, use muy poca cantidad y vaya añadiendo según su gusto, ya que son más concentrados.

Pescados y mariscos

Arroz a la tumbada

Este platillo fue muy famoso en toda la región del Sotavento, pero poco a poco ha ido desapareciendo de las cartas de los restaurantes y, en el mejor de los casos, se ha convertido en un preparado de arroz con pescado y mariscos; sin embargo, esta especialidad jarocha es uno de los platillos más vibrantes que se pueden encontrar en Boca del Río, Mandinga o Veracruz, siempre y cuando contenga diversidad de mariscos y las hierbas aromáticas adecuadas.

Es difícil precisar si se trata de una sopa de arroz o de un arroz con caldo, ya que el arroz debe quedar bien cocido y ligeramente caldoso.

Cabe hacer notar que las antiguas cocineras utilizaban el orégano de Yucatán, de hojas grandes y oscuras, y muy aromático. Las otras hierbas usadas son la cebollina, el oreganón y el perejil ranchero. Para mí, uno de los puntos clave consiste en añadir las hierbas aromáticas en el último hervor; se deben ver verdes y cocidas, pero frescas.

En la receta se sugieren varios tipos de mariscos; sin embargo, puede hacerse sólo con camarones y trozos de pescado.

Igualmente sugiero utilizar caldo de pescado y agua; si encuentra problemático hacer el caldo, puede utilizar únicamente agua. En caso de que cuente con suficiente caldo, sustituya el agua. La utilización del achiote en esta receta es una aportación de mi familia, es tan sólo para dar color y ayudarle al jitomate. Asegúrese de que sea la variedad de achiote que se consigue en Tabasco.

Camarones al mojo de ajo

No hay duda de que ésta es una de las formas más comunes de preparar los camarones. En ambas costas del país encontrará este tipo de receta. A mí me gusta más cuando los ajos quedan tiernos, así siento que resalta su dulzura; si los fríe demasiado pueden quedar ligeramente amargos. El aceite con sabor a ajo es parte de la idea de este platillo; de hecho, uno de los momentos divertidos al comer es recogerlo con bolillo o tortillas de maíz.

Tal como se hace en muchas palapas donde venden mariscos, sugiero no pelar los camarones, pues mucho de su sabor se encuentra en la cáscara.

Pescado zarandeado

Lo verdaderamente especial de esta receta es cocinar el pescado fresco sobre la zaranda, especie de rejilla de varas de mangle.

Éste es un buen ejemplo de que cuando el producto es bueno, no hay que hacerle muchas cosas para mejorar su sabor y puede quedar preparado al natural. Intente esta receta, se sorprenderá de lo fácil que es, vale la pena para un día de campo o una parrilla en el jardín.

En junio de 2007, la revista *El Gourmet* publicó mi receta como una sugerencia de parrillada a la mexicana, junto con una colección de parrilladas de otros países.

Actualmente, varios estados del Pacífico la comparten; al parecer, las preparaciones más antiguas provienen de Sonora, donde se cocina al natural. En Nayarit se dice que la receta nació en la isla de Mexcatitlán. He visto que en Sinaloa y el sur de la península de Baja California el pescado se condimenta con salsa de soya y jugo sazonador; sin embargo, éstas son versiones restauranteras que no tienen nada que ver con las suculentas y sencillas preparaciones que hacen los pescadores de las costas del Pacífico a la orilla del mar.

En los restaurantes y en las palapas no espere ver el precio en la carta, ya que éste se establece por el peso o el tamaño del pescado.

Chilpachole de jaiba

Ésta es la tradicional sopa del Sotavento de Veracruz, donde se sirve como plato fuerte con bastantes pedazos de jaiba. Cada comensal debe quebrar sus propias jaibas y comerlas poco a poco. He conservado la receta original excepto el sacado de la pulpa del caparazón, para que sea más fácil de comer. También suele ser más picosa, pero pienso que se pierde mucho de la belleza de la sopa.

Cuando mi madre hacía este guiso en casa, la parte divertida era meter las manos para extraer la pulpa de las jaibas. Las servía en grandes tazones para que por lo menos le tocaran tres a cada comensal.

Si compra las jaibas vivas, lo mejor es sumergirlas en agua helada o meterlas en el congelador por 5 minutos; de esta manera mueren sin dolor en el proceso de cocción.

Las tortillas y la fécula de maíz son una adaptación; en realidad lleva 1/3 de taza de masa fresca. Usted elija si utiliza masa o tortillas.

Aunque la carne es importante, el caldo lo es más.

Huachinango a la veracruzana

Ésta es la receta que vi hacer cuando niño; en aquellos tiempos la salsa contenía todo lo que aquí menciono y no era esa salsa de jitomate sin chiste que ahora sirven en muchos restaurantes en Veracruz y otras partes de la república. El único cambio que he hecho es cortar el pescado en filetes para facilitar su degustación, pues tradicionalmente se utiliza el pescado entero o en grandes postas, pero es muy complicado retirar las espinas y hay que comerlo minuciosamente.

Éste es uno de los platillos gloriosos de la cocina jarocha, el más representativo y el más conocido fuera del estado. La preparación y los ingredientes se han ido desvaneciendo a través de los años. Pocas veces se lo servirán con todas las de la ley, empezando por el huachinango mismo. De acuerdo con los verdaderos pescadores del Sotavento, el huachinango genuino no debe pesar más de 1/2 kilo, de lo contrario la carne ya no es tan tierna. El huachinango legítimo es todo rojo, le siguen el huachinango pargo con un ligero tono oscuro en el lomo, y el habanero, que tiene el lomo más oscuro. Cabe aclarar que cuando el huachinango supera el 1/2 kilo se convierte en pargo, así que la gran mayoría de las veces le han servido pargo en lugar de huachinango.

Asegúrese de que le corten filetes gruesos de por lo menos 1 centímetro, pues los muy delgados se despedazarán en la cocción. El huachinango se puede sustituir por pargo, cabrilla, chucumite, robalo, escolar, bruja o *rock fish*.

Tradicionalmente, el pescado se mete en la salsa para que se cueza; esto hace que la salsa no sea sólo de jitomate, sino que tenga sabor a pescado y pierda un poco de su intenso color rojo. Por esta razón muchos restauranteros prefieren cocer el pescado por separado en un sartén y nada más salsear el filete.

Usted decida.

Pescado tikin xic

La primera vez que probé el pescado tikin xic fue en el puerto de Chuburná, como a 1 hora de camino de Mérida, Yucatán. Después he probado muchas otras versiones en diferentes comunidades de la península de Yucatán.

Recientemente, mi amigo el chef Federico López me presentó a una de la pocas familias oriundas de Isla Mujeres, y en su patio preparamos un suculento boquinete que acompañamos con tortillas de maíz y salsa de chile habanero. Fue muy alentador ver que no han modificado la receta y que sigue siendo tan sabrosa como las versiones originales que yo recordaba de hace muchos años.

Esta receta está inspirada en el legendario pescado tikin xic. En la receta original se utiliza un pescado entero untado con condimento de achiote y cocido sobre las brasas de cáscaras de coco para que la cocción del mismo no se arrebate, porque la leña proporciona un fuego intenso que quema la carne rápidamente. He simplificado la receta sustituyendo con filetes de pescado para evitar las espinas, y lo cuezo en sartén, considerando que no todos tenemos jardín para hacer una fogata con leña y parrilla. La receta original y ésta son excel-

sas, lamentablemente en los restaurantes les hacen tantas correcciones a las recetas que a veces no se entiende la magnificencia de esta especialidad. Use el pescado de su preferencia, pero procure utilizar lo que en cocina llamamos "filetes", es decir, cortes rectangulares muy gruesos sin espinas ni piel. Si su pescado está delgado como un bistec se despedazará en la cocción.

Especialidades regionales

Asado de res

En la categoría de guisos caseros o comidas diarias, este guiso es una de las grandes cumbres de la cocina mexicana. En algunos lugares lo llaman también "estofado de res", porque todo se cocina tapado por largo tiempo; usted puede agregar u omitir cualquier verdura. El tipo

de carne puede ser chambarete, espaldilla o alguno de su preferencia. El chambarete deberá estar cortado en cubos como de 1 ½ centímetros y la espaldilla como de 5 centímetros.

De esta misma forma se hace el asado de pollo o de gallina.

Birria

La birria y el pozole son tal vez los platillos más emblemáticos de Jalisco. Aunque hoy es un platillo de restaurantes o de puestos de comida, el origen de la birria es festivo, ya que se utilizaba en ocasiones especiales como cumpleaños, bodas o bautizos.

De un platillo tan popular siempre se van a encontrar recetas distintas; sin embargo, todos coinciden en que la carne original con la que se hace es la de chivo, aunque poco a poco se ha venido sustituyendo por la de cordero, carnero, borrego, cerdo, pollo, ternera, res e incluso existen algunas con pescados. Las tres últimas son las menos comunes.

Los chiles más utilizados son el chilacate o el ancho. Las especias son ajo, clavo, pimienta, vinagre, comino, canela, ajonjolí y laurel. Cabe señalar que aunque algunas recetas regionales utilizan chocolate de metate, todo parece indicar que éstas no son antiguas.

Algunas birrias se cuecen en ollas tapadas sobre el fuego, a veces la tapa se sella con masa de maíz. Las birrias horneadas se llaman "birrias tatemadas". Se supone que originalmente la cocción de la

birria era igual a la de la barbacoa, envolviendo la carne en pencas de maguey, pero esta tradición casi ha desaparecido.

¿Caldosa o seca? Para los que vivimos en la ciudad de México, la birria que se encuentra en los restaurantes especializados generalmente es caldosa y se sirve como si fuera una sopa; sin embargo, la birria tradicional en Jalisco suele ser también carne seca, es decir, sin caldo, con la que se hacen tacos.

Birria puede significar "mal hecho", "mamarracho", "algo de poco valor", "poco importante", "deforme" o "grotesco", algunos de estos apelativos se deben a la apariencia o primera impresión del preparado, que no tienen nada que ver con su delicioso sabor.

Otros estados donde también se acostumbra la birria son: Aguascalientes, Colima, Michoacán, Nayarit y Zacatecas.

Los huesos de la carne que se utilice son importantes porque aportan mucho sabor, pero también son incómodos a la hora de comer. Dos kilos de carne sin hueso alcanzan para unas 20 porciones, y con hueso, para 10.

Cochinita pibil

Ésta es una de las grandes especialidades de la cocina yucateca y tal vez el platillo más representativo del estado; en torno a éste se hacen muchas preparaciones, como tacos, salbutes, empanadas y panuchos. Como sucede con otras recetas populares, ésta adquiere diferentes matices de familia en familia.

El origen de este platillo se remonta a tiempos precolombinos, cuando se hacían huecos en la tierra, se recubrían con piedras, se encendía leña adentro y cuando las piedras se calentaban lo suficiente introducían la carne preparada y envuelta. Se cerraba el agujero para que todo se cociera al calor de las brasas. A esta especie de horno de tierra se le conoce en lengua maya como *pib*, por tanto, el término *pibil* significa "horneado en".

Este sistema de cocción se sigue utilizando y hay algunos lugares que son famosos por su cochinita, como Tixkokob, una población cercana a Mérida. Es lógico pensar que muchas familias no cuentan con jardín o no están dispuestas a hacer el hoyo, por lo que casi todas las recetas contemporáneas se hacen en hornos de estufa.

La cochinita ha desplazado casi en su totalidad a las carnes que en el pasado se hicieron en pib, como el *pibil keh*, hecho con venado o el *pibil kuts*, con pavo de monte.

La cochinita es un platillo exquisito cuya preparación a base de achiote no es tan roja como ahora se acostumbra; lo que sucede es que muchas pastas comerciales, además del achiote, contienen colorantes que enrojecen demasiado el preparado. Al hacer su propia pasta notará la diferencia.

Se supone que debe usarse un cochinito lechal, de ahí el nombre de cochinita, pero a falta de éste se puede usar falda, costillitas, pecho o un corte que tenga algo de grasa para que salga jugosa, porque el platillo resultaría reseco con una carne magra.

Tradicionalmente, toda la carne se envuelve en hojas de plátano, se saca y se deshebra para servirla en tacos; aquí sugiero que se horneen los trozos de carne envueltos en porciones individuales para servir a cada comensal una especie de tamal, es decir, servir la cochinita en la misma hoja en que fue horneada.

Otra innovación es dorar la carne de un solo lado, pues esto potencializa su sabor. Los preparativos de esta receta deben comenzar con un día de anticipación, ya que la carne debe absorber todos los sabores de la marinación. La pasta de achiote yucateca también se conoce como "pasta de achiote", "achiote", "recado rojo" o "recaudo rojo".

Chilorio

Durante los años que estudié en San Diego, California, tuve de compañero de clase a Carlos Herrera, originario de Culiacán, Sinaloa; él me enseñó varios platillos sinaloenses. La primera vez que probé el chilorio era de lata, que es una forma muy popular de consumirlo fuera de Sinaloa.

En una ocasión fue a pasar la Navidad en su casa y trajo el auténtico chilorio preparado por su mamá, su maleta estaba llena de chilo-

rio, tamales y chorizo; recuerdo que por varios días tuvimos verdaderos festines.

El chilorio es un platillo importante, se acostumbra en reuniones y fiestas; se come en tacos con tortillas de maíz o de harina, y con él también se rellenan las chimichangas.

Los cortes de carne más utilizados son falda, espaldilla y pierna; sin embargo, yo prefiero la cabeza de lomo porque es muy suave.

Mixiote tlaxcalteca

En una boda o celebración muy importante en Tlaxcala no puede faltar este mixiote, generalmente se sirve antes de la barbacoa. En el pasado, la carne se envolvía en la original hoja de mixiote, que es la epidermis de la penca del maguey, que pareciera ser plastificada. El

mixiote genuino se utiliza cada vez menos porque al quitarle la piel la penca muere y, por ende, la planta también.

La utilización del mixiote en la cocina es muy antigua y se sabe que en tiempos prehispánicos se utilizó como hoy en día, aunque con otras carnes condimentadas de forma diferente. Cabe insistir en que es la hoja llamada "mixiote" la que da nombre al platillo.

Se supone que los originales son de cordero, carnero, borrego o conejo; sin embargo, ya también se hacen de res, cerdo o pollo. Los mixiotes se acostumbran en varios estados del centro del país y, aunque todos me gustan, no omito que los de Tlaxcala son mis favoritos.

Cada comensal debe abrir o desamarrar su propio mixiote, hacerse tacos y acompañarlo con salsa verde. Asegúrese de que estén bien calientes al comerlos.

Pancita

La pancita de res es muy buscada por un grupo aficionado a este tipo de platillos, por lo menos en la ciudad de México existe todo un fenómeno con la venta de la pancita; en la puerta de muchas casas, puestos de mercados o puestos improvisados en la calle se vende como desayuno, almuerzo o comida y se argumenta que es muy buena para aliviar las dolencias que deja la resaca.

Es importante conocer las diferentes partes de la panza o del estómago de la res, y que hay algunas más buscadas; como el libro, cuya apariencia es como si tuviera hojas, y la toalla, cuya textura recuerda a una toalla de algodón. Otras partes que se consideran inferiores son el cacarizo y el cuajo, pero todas se usan mezcladas.

La pancita típica del centro del país es roja, como esta receta que trabajamos Guadalupe Alonso Gómez y yo en las cocinas del Café Azul y Oro; sin embargo, también existen las pancitas de color verde y otro grupo de guisos muy similares, como los menudos del norte del país y los mondongos del sureste de México.

Actualmente, es muy fácil encontrar la pancita lavada y desinfectada en los mercados, de lo contrario tendrá que lavarla varias veces con agua caliente, espolvorearla con bastante cal, luego lavarla como si fuera una tela, enjuagarla con abundante agua y por último enjuagarla una vez más con agua con vinagre o jugo de limón.

Es importante recordar que éste es un platillo único que juega la función de plato fuerte, por lo que es muy común repetir ración. Por esto las porciones deben ser generosas. En esta versión se utiliza únicamente chile guajillo, por esto no es picosa. Para hacerla más picante puede añadir unos chiles puyas, y para enrojecerla un poco más añada 1 o 2 chiles anchos.

Queso relleno

Este platillo es la cúspide de la cocina yucateca. Desde que me acuerdo, en Yucatán siempre ha habido queso de bola o edam. Originalmente era el queso holandés importado, que llegaba en grandes cantidades al puerto de Chetumal traído desde Belice. Hoy en día sigue siendo un queso muy común, aunque me parece que ha escaseado su abasto.

Para comerlo, una familia le quita la tapa y va escarbándolo poco a poco para comer el centro suave, de tal manera que va quedando un gran cascarón hueco de queso. Se dice que este gran cascarón se guarda para rellenarlo en la Navidad o para una ocasión muy especial, conservarlo por algún tiempo lo hace más duro y resistente para rellenarlo.

Esta receta es de mi amigo Fernando Escalante, quien me la presumió hace mucho tiempo. Tuve que esperar varios años para probarla y un par de años más intentando obtener la receta, hasta que un día, en diciembre de 1996, finalmente me la dio. Él, al igual que otras familias de Yucatán, sirve primero la sopa de lima y el queso relleno como plato fuerte.

Es tradición que este queso se presente entero en un platón con las dos salseras. En la mesa, el invitado de honor, el padre de familia o el festejado son los primeros en cortar su rebanada, como si fuera un pastel, y se pasan al siguiente invitado el platón y los tazones con salsa de tomate y salsa kol para que cada quien se sirva al gusto.

Por lo general, nunca hay suficiente relleno en el interior del queso, por esta razón se pasa un platón con más carne, y los invitados pueden servirse más salsa roja, kol o picadillo.

Aunque la receta parece larga, casi todo se puede tener preparado con antelación y ensamblar el platillo el día que se servirá.

El queso edam viene envuelto en cera roja y celofán, y suele pesar alrededor de 1 ¾ kilos.

Antes de empezar, asegúrese de tener las demás recetas listas, pues se requiere cierta sincronización. Aun así, la receta no es difícil.

Tatemado de puerco

El también llamado "tatemado de Colima" es uno de los platillos más emblemáticos del estado y es el equivalente al mole poblano en el centro del país.

"Tatemado" proviene de "tatemar", palabra de origen náhuatl que quiere decir "poner al fuego", "asar" o "tostar"; es un término que se utiliza comúnmente en los chiles y especias.

Gracias a mi amigo el Dr. Ignacio Cruz Borjas, oriundo de la ciudad de Colima, conocí a la Sra. María del Rosario Ochoa de Batista, mejor conocida como "Chayito", ella es una especialista en el tatemado. Fue, por más de 20 años, la vendedora de tatemado más famosa en el mercado Pancho Villa, en la ciudad de Colima. Cuando lo hacía, preparaba por lo menos 5 kilos, con una costilla completa, pierna sin hueso del chamorro y otro corte llamado "banderilla"; ella creía que éstos eran los mejores cortes para este guiso.

En la receta hay varios puntos que son importantes: el vinagre original que se ocupa es el de tuba, pero ahora tiene que sustituirse por vinagre blanco porque aquél es muy difícil de encontrar; en Colima hay un laurel local que no se parece al que se consigue en el resto de la república, la hoja es grande como las del árbol de mango y es muy aromático; puede sustituirlo por el laurel común, aunque no es igual, y, por último, la carne tiene que marinarse con la mezcla de chiles toda una noche para mejorar su sabor.

Chayito también aclara que el guiso no es seco, sino algo caldoso, la carne debe quedar muy suave, servirse con bastante salsa y comerse con cuchara. Aunque en muchos libros se dice que el tatemado se acompaña con frutas en escabeche, ella sólo lo acompaña con chiles en vinagre, cebollas cambray o blanca al natural, hojas de lechuga y rábanos. Como epílogo mencionaré que en Michoacán existe un tatemado de carne de res con chiles ancho, pasilla y mulato, y especias, se cuece en olla de barro, se tapa y se sellan las orillas con masa de maíz. En Zacatecas de hace de carne de borrego untada con un adobo de chile ancho, especias, vinagre y es horneado.

Picadillo yucateco

Este preparado también se conoce como "picadillo de especia", pues la carne se cuece con el recado de especia, es normal que se haga más picadillo del que cabe en el queso, pues con todo propósito se hace extra para poder servir más durante la comida o cena. Con este picadillo también se pueden rellenar los chiles xcatik. Su rendimiento varía dependiendo de su utilización: como relleno de queso, para 16 porciones; como relleno de chiles, para 24 porciones; en empanadas, para 40 porciones, etcétera.

Carne claveteada

Mi abuela hacía este guiso cada 8 de diciembre para ofrecer de comer a los parientes que llegaban a su casa a visitar a la Virgen de la Concepción. También era un guiso familiar reservado para ocasiones especiales.

Aunque la manera tradicional de hacerlo es untando la carne con las especias y el vinagre, mi madre descubrió que el sabor mejoraba si se agregaban las especias a la salsa de los chiles. Ella también añadió el jamón y el tocino.

Los chiles no se fríen, para suavizarlos sólo se pasan por agua y ésta se desecha, pues la salsa no debe ser picosa. Se debe comprar un trozo grande de carne de res, de preferencia palomilla o pulpa negra, que pese como 1 ½ kilos, y que le permita cortarlo en 6 pedazos, uno por comensal.

Si desea hacer algo más suave, puede utilizar lomo, pero en este caso deberá dorar la carne y hornearla menos tiempo. No recomiendo usar cuete. Puede pedir a su carnicero que le ayude a hacer los huecos con su cuchillo o chaira, para que usted sólo la rellene. Es importante que la carne no tenga mucha grasa.

La clave de este platillo reside en el horneado. Como requiere por lo menos de unas 3 horas, es mejor prepararla 1 o 2 días antes de servir; además de que este reposo mejora el sabor.

Escogí esta receta tabasqueña porque una de las ideas del libro es presentar recetas que no hayan sido publicadas. Sin embargo, en Oaxaca y otros estados existe el cuete mechado, que es muy parecido; de esta forma también se hace el lomo de cerdo relleno. En cualquier caso, todas las recetas tienen características que las hacen similares.

Adobo de cerdo huasteco

Hace más de 25 años fui por primera vez a Tantoyuca, Veracruz. Ahí descubrí platillos maravillosos como éste, los cuales me inspiraron a recolectar recetas para recopilarlas en un libro algún día. En aquellos años pude adentrarme en la cocina de pueblos tan asombrosos como Chicontepec, donde la presencia de la cocina indígena se percibe por donde se camina. De este viaje, también recuerdo el espectacular mercado indígena en Tantoyuca; era como una película de fantasía ver a las autóctonas caminar con sus relucientes vestidos bordados y con toda su indumentaria. Era una fiesta de colores en los que se encontraban morrales, cerámica, muebles y cucharas de madera, y, por supuesto, todas las frutas, las verduras y el área de comida.

Desde entonces, quedé profundamente enamorado de la cocina de las huastecas, el zacahuil, el pazkal, los bocoles, los chorizos, las enchiladas de ajonjolí o de pipián verde y los pemoles, además de toda la variedad de tamales que se hacen especialmente en noviem-bre para el Día de Muertos. Los huastecos viven principalmente en la parte oriental de San Luis Potosí, en el norte de Veracruz y el noreste de Hidalgo; también habitan en Tamaulipas, en partes de Querétaro y Puebla.

Este guiso es una de las especialidades que se hacen a base de chiles y que tienen ese sabor completo y complejo, de picor suave, al que llamo "muy mexicano". Casi siempre se hace con costilla de cerdo bañada con bastante salsa, debido a que en este caso ésta es más importante que la carne. Este adobo tiene un intenso color rojo oscuro, el chile que originalmente se utiliza es el que llaman "chile chino", que en realidad es un chile ancho muy rojo; el término "chino" proviene de que la textura del chile es arrugada o rizada, es decir, china.

Para los huastecos el adobo es el equivalente al mole para los habitantes del centro del país. Su sabor mejora de un día para otro.

Salsas

Cebolla curada en jugo de limón

Técnicamente, la cebolla curada es cebolla rebanada marinada en jugo de limón y sal. En las recetas de la península de Yucatán la cebolla es morada y en otras partes del país ésta es blanca, usted deberá cambiar el tipo de cebolla dependiendo del resultado que desee obtener.

Rajas de chile poblano

Es importante no confundir las rajas de chile poblano con limón (curtidas) con las de esta receta, ya que en este caso se sofríen con aceite de oliva y ajo. Ésta es la primera receta que conocí y aprendí hace muchos años cuando llegué a la ciudad de México. Esta preparación, en particular, es importante para mí porque todo el mundo me hablaba de las rajas y me tomó varios meses encontrarles el gusto, que llegó hasta la fascinación.

En aquellos tiempos, tampoco imaginé cuántas variedades de preparaciones de rajas existen. Esta versión, igual que muchas otras, se puede comer caliente, a temperatura ambiente o incluso fría. En cualquier caso pueden aderezar un buen taco vegetariano o ser una guarnición. Conozco muchos amigos que las comen como plato fuerte, o los viernes de vigilia. Escoja los chiles oscuros, que tienden a ser más dulces.

A esta receta base se le puede agregar crema espesa o rebanadas de papa cocida y frita.

Rajas de chile poblano con limón

En el centro del país queda sobreentendido que las rajas se hacen con chile poblano; en recetas de origen antiguo, con chiles chilacas; en Oaxaca se hacen con los llamados "chiles de agua"; en algunos lugares de Veracruz se preparan con chiles jalapeños. Así, la receta cambia según la zona del país, ya que en cada región hay una variedad distinta de chile, pero siempre se trata de tiras de chile que se cortaban con las manos y actualmente con cuchillo.

Generalmente, sirven para acompañar otros platillos. Pueden prepararse varias horas o incluso hasta un día antes de su utilización, de esta manera toman mejor sabor.

Salsa mexicana

Tal vez ésta sea la reina de todas las salsas de mesa por su nombre, sus colores, sus ingredientes y sus usos. Es llamada "mexicana" porque los ingredientes que participan en ella tienen los colores emblemáticos de la bandera mexicana; chile, cebolla y jitomate, que son el verde, el blanco y el rojo, respectivamente. Además es una salsa verdaderamente nacional, pues se encuentra en casi todas las regiones de México; también se conoce como "salsa pico de gallo", debido a que todos los ingredientes se pican. Puede utilizarse en muchos tipos de tacos, antojitos, caldos, arroces, etcétera.

Aunque en la actualidad algunos cocineros añaden jugo de limón a la salsa para aumentar la acidez del jitomate, esto parece ser una tendencia nueva, los tradicionalistas aseguran que no es necesario. Yo la prefiero sin jugo de limón, pero ciertamente me he llegado a topar con jitomates cultivados tan dulces que es necesario añadir jugo de limón para darle cierta acidez al preparado. Lo ideal es servirla recién hecha a temperatura ambiente, sin embargo, logra sobrevivir hasta tres días guardada en el refrigerador, especialmente si se reserva el cilantro para añadirlo antes de servirla.

Salsa de chile de árbol

La salsa de chile de árbol es una de las grandes favoritas en el centro del país. Su color rojo intenso la hace muy llamativa. Además de ser muy sabrosa, es una salsa requerida para acompañar los tacos al pastor.

Ésta es la salsa que está siempre junto al taquero que rebana la carne para acompañar los tacos; es una receta "secreta" que procuran no compartir, porque todos los aficionados a los tacos sabemos que el éxito de un taco está en la salsa. La de chile de árbol es tan gustada, que muchas compañías la producen comercialmente bajo el nombre de "salsa taquera".

Debe ser picosa, sin embargo, puede bajar el picor usando menos chile de árbol; no disminuya los chiles guajillos, éstos no pican y son muy importantes para darle el color y cuerpo. Se conserva hasta 5 días en el refrigerador. Es importante mencionar que las salsas de chile chipotle y la de chile morita, que también son utilizadas en las taquerías, se preparan de forma similar.

Salsa de chiles chipotles adobados

No se puede negar que la mayoría de los chiles chipotles que se consumen en México son adobados, debido a que existen por lo menos cuatro compañías que se dedican a enlatarlos y todo parece indicar que respetaron las recetas originales o, por lo menos, hicieron muy bien el estudio de sus recetas.

Por esta razón, hoy es difícil encontrar a alguien que prepare los chiles chipotles adobados de forma casera, ya que todos preferimos comprarlos.

Esta receta me la trajo mi mamá de Coatzacoalcos, Veracruz, donde familiares lejanos la preparan como la salsa de diario.

Salsa borracha clásica

En mi libro de las salsas registro diversas salsas borrachas, debido a que son compañeras inseparables de las barbacoas del centro del país; se sorprenderá cuando vea cuántas variedades existen, todas diferentes entre sí.

En esta salsa, el término "borracha" se aplica porque contiene pulque. La receta que se describe es del estilo de los estados de Hidalgo, Tlaxcala, Querétaro, Puebla, Estado de México (en donde siempre ha existido una gran tradición del pulque y la barbacoa) y del Distrito Federal. Esta receta me la proporcionó el padre Julián Pablo, quien es un entusiasta párroco de la iglesia y ex convento de Santo Domingo, en el Centro Histórico de la ciudad de México, y gran aficionado de la comida mexicana. En muchos restaurantes acostumbran servirla en una salsera adornada con tiras de queso añejo o panela y aguacate rebanado. Esta salsa se conserva máximo 2 días en refrigeración.

Salsa ranchera

El nombre de "salsa ranchera" proviene del hecho de que la salsa es supuestamente muy rústica o viene de rancho. También se conoce como "salsa de jitomate asado", porque los jitomates se asan, o como "salsa molcajeteada", porque antes se hacía sólo en molcajete. Es una de las reinas de la cocina mexicana que se encuentra en todas las regiones del país.

Prefiero utilizar jitomates bien maduros, pero he observado que en Xalapa, Veracruz, algunas señoras usan indistintamente el jitomate en diferentes estados de maduración; me ha sorprendido que aunque los jitomates los usen algo verdes y aunque las salsas queden pálidas, de cualquier manera resultan muy sabrosas. Esta salsa se conserva hasta 4 días en refrigeración.

Salsa roja de jitomate

La salsa roja de tomate, o salsa roja de jitomate, recibe diferentes nombres y pequeñas variaciones en distintas regiones del país.

En la ciudad de México se le llama "salsa ranchera" y es común en restaurantes y cafeterías; aunque no es tan picante, se sirve para que la gente la coma con pan o totopitos como botana; también se añade a cualquier alimento.

Con esta misma salsa se hacen otros platillos, como los huevos rancheros.

En los estados del sureste es muy común ponerla en los antojitos y, sobre todo, para salsear tamales regionales. Hay una salsa sumamente parecida llamada "chiltomate".

Una receta tan popular como ésta puede tener muchas variantes, algunas cocineras prefieren asar los jitomates en lugar de cocerlos en agua. También hay quien no licua la cebolla y la deja rebanada para que destaque en la salsa. La versión que aquí se describe es la más común actualmente. Se conserva hasta 5 días en refrigeración.

Salsa verde cocida

Sin esta salsa tan común, la cocina mexicana sería muy triste. Me gusta mucho el contraste que hacen los tomates cocidos y licuados con los demás ingredientes crudos, es una gran favorita para muchos. Usualmente la gente cuece los tomates y el chile, pero de acuerdo con las señoras de Tláhuac, en el Distrito Federal, los chiles tardan más tiempo en cocerse que los tomates; ellas prefieren cocer primero los chiles y después añadir los tomates, como se muestra en el procedimiento de la receta.

Salsa verde cruda

Ésta es una salsa muy tradicional que se encuentra a diario en fondas y restaurantes de la ciudad de México y que a nivel casero también se acostumbra mucho. Se utiliza para acompañar todo tipo de alimentos. La textura de la salsa depende del gusto personal, puede estar ligeramente martajada o ser muy tersa. En este caso se sugiere que sea una salsa con textura. Se recomienda hacerla media hora antes de servirla. Es normal que al otro día se vuelva más verde, pero se conserva 3 días.

Salsa ixnipek

El nombre de esta salsa también se puede encontrar escrito como *xnipec, xni´pek, xnipek, xni´peek, x-n-pek, x-ni-pec,* entre otras, debido a que el nombre original es maya.

Entre los antiguos moradores de Yucatán que dominan la lengua maya se sabe que literalmente *ixnipec* significa "nariz de perro", porque en algunas ocasiones la cantidad de chile habanero hace que la salsa quede tan picosa que a todo aquel que la come le empieza a sudar la nariz igual que la de un perro. Un cazador maya me dijo que el verdadero origen del nombre de esta salsa proviene del hecho de que a los perros de caza se les daba esta salsa muy picosa para incentivarlos antes de salir de cacería. Sin embargo, todo esto parece más mito y en realidad es una salsa muy sabrosa y muy importante en la cocina yucateca.

Es tradicional para platillos como el pollo pibil, la cochinita pibil y el pescado tikin xic, o para acompañar carnes asadas o pescado frito.

Procure pelar las naranjas agrias antes de exprimirlas porque el sumo de la piel puede amargar el jugo; de una naranja se obtiene muy poco jugo, no es raro que en ciertas temporadas sólo se obtenga un poco más de 1 cucharada por naranja.

Originalmente, en la península de Yucatán esta salsa es muy picante; esta versión es menos picosa y el chile puede estar asado o crudo. Se conserva hasta 3 días en refrigeración.

Salsa tamulada de chile habanero

Es muy utilizada para acompañar diversos platillos; su peculiaridad consiste en que sólo se sirven unas gotas, pues es muy picosa. Cada comensal añade la cantidad que quiere para dar picor a sus alimentos. Tradicionalmente los chiles se machacan con un tamulador, que es una especie de tejolote o piedra; por traslación, al molcajete se le llama "tamul", por tanto, la salsa tamulada es la machacada o molcajeteada, según se quiera ver. Lo mismo se hace con los chiles totalmente crudos o asados en comal; puede experimentar varias versiones, pues el sabor varía. Si los usa naturales prefiera los verdes y los amarillos o maduros cuando los ase, pues creo que así saben mejor respectivamente. La naranja agria se puede sustituir por naranja y limón.

Cebolla en escabeche de Yucatán

Para la cultura yucateca esta receta es indispensable, ya que se sirve prácticamente con todos los antojitos, como en los salbutes o panuchos, y en muchos platillos regionales. Éste es un preparado que debe realizarse varios días antes porque requiere maceración y se conserva bien por bastante tiempo. La idea es hacer más cantidad de lo que indica la receta para utilizarse cuando se haga otro platillo. El orégano yucateco tiene una hoja oscura y más grande que el orégano verde que se encuentra en el centro del país. Las 6 hojas que se utilizan en la receta se pueden sustituir por 2 cucharaditas de orégano verde.

El chile xcatik, típico de la península, es un chile de color amarillo pálido y de picor mediano, puede sustituirse por chile jalapeño o chile güero e incluso omitirse en la receta. Actualmente, encontrará que el escabeche se hace con cebolla morada, pero las cocineras antiguas dicen que antes se hacía con cebolla blanca.

Postres

Arroz con leche

En México, por todas partes se encuentran diferentes versiones del arroz con leche, algunas caldosas y otras muy cremosas. Casi siempre se considera postre; sin embargo, cuando se sirve caliente o recién hecho se le puede considerar un platillo para el desayuno o la cena. No debemos dejar de recordar que también existe el atole de arroz con leche.

Capirotada

La capirotada es un postre muy popular hecho con miel de piloncillo con agua o leche, almendras, cacahuates o pasas, y a veces queso.

Este postre, que principalmente se hace en la cuaresma, es muy antiguo; se sabe que ya se acostumbraba en el siglo XVII. En mi *Diccionario enciclopédico de gastronomía mexicana* hago un recuento de por lo menos tres estados que registran la capirotada como un postre tradicional, y todos presentan ligeras variantes. En Colima se hacen la capirotada de agua y la de leche; en San Luis Potosí, la capirotada blanca. En algunos lugares, el fondo del molde o la cazuela se cubre con una capa de tortillas de maíz para que las rebanadas no se peguen durante el horneado. Es importante utilizar un pan cuya masa interior sea densa, que esté bien oreado por lo menos 1 día e incluso se puede tostar ligeramente. En unas regiones del país, como Michoacán, se venden bolsas de pan rebanado y seco para capirotada.

Tradicionalmente, se presenta como un postre que se sirve en pequeñas cantidades a temperatura ambiente o fría; a mí me gusta incluso caliente o tibia y, aunque no es muy tradicional, puede acompañarse con helado de vainilla.

En otras regiones del país se sirve acompañada con un vaso de leche.

Flan tradicional

En nuestro país hay muchos tipos de flanes, de hecho muchas familias conservan alguna receta que no les gusta compartir.

¿Cuál es el mejor flan?, esto puede ser motivo de discusión nacional.

En esta receta se presenta un flan muy suave; sin embargo, hay a quienes les gustan más densos y a otros más dulces, como el llamado "napolitano". Para hacer cualquiera de éstos, sólo deberá agregar más huevo y azúcar.

Para hacer el caramelo se recomienda utilizar un sartén pequeño y viejo que no se use mucho. La receta de este flan es para un molde de 20 o 24 centímetros de diámetro. Recuerde tener el horno precalentado a 180 °C.

Recetas básicas

Caldo de pescado

Ésta es una receta esencial que sirve como base para sopas o guisos que contengan pescado; en ningún caso se pretende hacer un *fumet*. Lo ideal es usar retacería y cabezas de pescado como robalo, huachinango, mero, cabrilla, lenguado, pargo, rodaballo, entre otros. Una vez hecho el caldo de pescado se puede dividir en pequeñas porciones y congelar para tenerlo listo en el momento en que se requiera; de esta forma no hay que hacer más cada vez que se necesite. Con esta base podrá hacer cualquier tipo de sopa o guiso.

Caldo de pollo

En México, el caldo de pollo es muy cotidiano en la casa, simplemente para tomarlo solo o para hacer sopa de caldo de pollo con esta base. El verdadero caldo de pollo a la mexicana sólo incluye ajo, cebolla y cilantro. Me gusta servirlo a mis invitados en tazones, pues a ellos les agrada la idea de sorberlo directamente del tazón en lugar de cucharearlo. Con esta base podrá hacer cualquier tipo de sopa.

Cómo lograr un capeado perfecto para los chiles rellenos

Aunque existen varias técnicas para lograr un capeado perfecto, conviene saber que no todas se pueden aplicar en cualquier caso. Aquí se explican algunas:

- Para que el capeado se adhiera bien a los chiles, éstos deben estar totalmente secos por dentro y por fuera. Se recomienda secarlos con servilletas de papel. Ponga especial cuidado en secar bien el interior del chile.
- Se revuelcan los chiles en harina cernida (procurando retirar el exceso) para que el huevo se adhiera perfectamente al chile y no se escurra al freírlo. La harina debe estar cernida porque los grumos quedarían crudos y darían mal sabor al capeado.

- Los huevos deben estar siempre a temperatura ambiente porque las claras frías no levantan lo suficiente. Si los huevos están en el refrigerador es necesario sacarlos 2 horas antes de usarlos.
- Se baten las claras únicamente hasta que hagan picos suaves (punto de nieve). Se puede verificar este punto volteando el recipiente; si las claras se mueven o tienden a caer es que no se ha alcanzado el punto y habrá que seguir batiéndolas, aunque no demasiado. Puede añadirles de 1 a 2 cucharadas de harina cernida si se desea un capeado más consistente.
- Nunca hay que batir las claras en recipientes de plástico, ya que éstos guardan sabores y olores y con frecuencia "cortan" las claras. Lo ideal es utilizar un tazón de cobre, pues contribuye a que

- las claras alcancen el punto requerido o ideal, aunque éstos son caros y difíciles de encontrar. Otra opción pueden ser los tazones metálicos o de vidrio, también dan buenos resultados.
- Una vez que las claras han alcanzado el punto requerido, se incorporan las yemas una por una con movimientos envolventes. En este paso se puede agregar sal.
- Hay que evitar llenar demasiado los chiles, porque si quedan muy pesados son difíciles de manejar. El relleno debe estar frío o a temperatura ambiente y seco, ya que el líquido corta el huevo batido. No hay que rellenar los chiles con mucha anticipación, debido a que el relleno tiende a soltar jugo, aunque éste se haya escurrido previamente. Los chiles deben capearse con rapidez, si no el capeado se corta.
- Si hay que capear grandes cantidades de chiles, se debe hacer una pequeña cantidad de capeado y después otra, según se vaya necesitando, pues es muy difícil levantar muchas claras de huevo al mismo tiempo y se bajan o cortan muy fácilmente.
- Antes de poner el chile en el aceite hay que verificar que la temperatura de éste sea la correcta, debe humear ligeramente. No debe calentarlo demasiado porque quemará el capeado.

- Al poner el chile en el aceite, se coloca con el lado de la abertura hacia arriba y con la espátula de freír se le vierte aceite para que selle; después se voltea. Si se tiene suficiente práctica, se baña constantemente con aceite la parte de arriba del chile de manera que no haya necesidad de voltearlo para freír el otro lado. Si el capeado se extiende hacia los lados, con la espátula se incorpora al chile para que la mezcla se adhiera y quede uniforme y sin rebabas.
- Los chiles pequeños, y los que no tienen un relleno muy pesado, pueden agarrarse por el rabo para voltearlos sin necesidad de utilizar una espátula. Si no se tiene práctica es preferible no hacerlo, y entonces usar dos espátulas para voltearlos sin romper la capa de huevo.
- El capeado debe alcanzar un tono ligeramente dorado, nunca café (aunque la parte de abajo siempre queda un poco más dorada cuando no se voltea el chile para freírlo).
- Una vez que se sacan los chiles del sartén, deben colocarse sobre servilletas de papel para absorber el exceso de grasa. En ocasiones es necesario cambiarlas dos o más veces.

Chiltomate

En términos llanos, es una salsa de jitomate cocida, cuya textura molida o muy tersa cambia según la persona que la cocine; las hay desde muy espesas hasta muy aguadas. Yo la prefiero espesa y con mucha textura. La cebolla puede estar machacada, picada o rebanada. Los jitomates pueden estar asados o cocidos en agua. Para esta receta, he escogido cocer los jitomates porque así es como recuerdo haber visto su preparación. Con esta salsa se acompañan diversos antojitos, platillos o tamales. Asegúrese de usar jitomates madurados de forma natural; últimamente en los mercados éstos llegan madurados con métodos inducidos. Tengo la costumbre de comprarlos y dejarlos reposar durante días fuera del refrigerador para que se maduren naturalmente; se sorprenderá de cuánto mejora el sabor con esta técnica.

Jugo de naranja agria

La naranja agria es una variedad que contiene jugo agrio semejante al limón; no debe confundirse con la naranja común. La agria suele tener una piel gruesa y corrugada. Se consume cuando su piel está verde o amarilla, suele contener muchas semillas y no se obtiene mucho jugo; en promedio obtendrá de 2 cucharadas a ½ taza, pero esto puede variar. Por alguna razón su piel es muy amarga y puede afectar el sabor del jugo al momento de exprimirlas, no es mala idea pelarlas para evitar este riesgo.

Debido a que a veces son difíciles de conseguir, sugiero una combinación como sustituto.

Kol para queso relleno

Kol, kool, k´ol o *k´ool* son palabras de origen maya con las que se designa a una serie de salsas espesas o guisos que se emplean de diferentes formas, cuya consistencia cambia dependiendo del platillo; para el queso relleno es bastante líquida, su consistencia recuerda una bechamel ligera, pero no existe ningún vínculo histórico con ésta, aunque se espese con harina y algunos la describan como "salsa blanca". Este nombre se debe a que hay otras salsas kol que se enrojecen con achiote y otras que se espesan con maíz y que se colorean con achiote y otros ingredientes. Todas estas salsas se utilizan principalmente para tamales.

Recado de toda clase

Como su nombre lo indica, este recado puede utilizarse en diferentes preparados, como caldos o sopas. De hecho, es como el recado base al que se le aumentan o quitan ingredientes para hacer otras variantes. Las cantidades de especias varían según el gusto. Las porciones que sugiero son más de lo que necesita para una receta, pero es bueno tenerlo hecho y conservarlo en un frasco hermético o congelado.

Ninguna especia debe estar previamente molida.

Totopitos

Lo ideal para hacer los totopitos es tener una olla honda de unos 20 centímetros de diámetro por 8 de hondo o algo similar; entre más honda, mejor. En mi casa tengo una olla muy vieja, de fondo muy grueso, que he destinado para esto. Después de freír las tortillas, si el aceite está quemado debe dejar que se enfríe y colocarlo en un frasco tapado para tirarlo a la basura; recuerde que no debe vaciarlo en la tarja porque contaminaría el agua.

Aunque la olla sea grande no debe estar tan llena, pues cuando se añaden las tortillas se forma una espuma que puede derramarse; ésta es la razón de por qué la olla debe ser grande. Cuando fría las tortillas en un sartén con poco aceite, notará que tienden a quemarse las orillas rápidamente, que tardan más tiempo en dorarse, que con frecuencia quedan grasosas, y que al sacarlas el aceite se enfría rápidamente. Una freidora eléctrica casera es muy recomendable, pero llenarla requiere varios litros de aceite. Aunque los fabricantes aseguran que se pueden freír todo tipo de alimentos y que no guarda olores, prefiero seguir teniendo un litro de aceite nada más para freír tortillas.

Manchamanteles

INGREDIENTES

- 16 chiles anchos sin semillas, venas ni rabos
- 2 cucharadas de vinagre (para remojar los chiles)
- 1 cucharada de sal
- 2 cebollas blancas chicas
- 4 dientes de ajo chicos
- 4 cucharadas de cacahuates pelados y fritos
- 4 rebanadas de pan de caja frito
- 1.6 kg de jitomate pelado y sin semillas
- 4 kg de pollo (muslos, piernas y pechugas)
- ½ cebolla blanca
- 4 dientes de ajo

- 1 cucharada de sal
- 3 ramas de tomillo
- 3 hojas de laurel
- ⅔ de taza de aceite vegetal
- ¼ de taza de vinagre
- ¼ de taza de azúcar
- 2 plátanos machos rebanados en tiras de 1 cm de grosor y fritas
- 6 peras peladas, descorazonadas y cortadas en 4 partes
- 1 piña pelada y cortada en rebanadas de 2 cm de grosor
- ¼ de taza de ajonjolí tostado

Rendimiento: 16 porciones   **Preparación: 40 min**   **Cocción: 1 h y 20 min**   **Costo: 2**   **Dificultad: 2**

PROCEDIMIENTO

- Ase los chiles por la parte brillosa y remójelos en agua caliente con la sal y el vinagre hasta que estén muy suaves (30 minutos aproximadamente). Escurra.
- Muela los chiles con las cebollas, los ajos, los cacahuates, el pan frito y el jitomate. Reserve.
- Cueza el pollo en agua con sal, la cebolla, el ajo, el tomillo y el laurel; retire los aromáticos y reserve.

- Fría los ingredientes molidos en el aceite; cuando hierva baje el fuego, cocine por 10 minutos y agregue el caldo de pollo que reservó; deje hervir durante 15 minutos. Agregue el vinagre, el azúcar, las rebanadas de plátano, la pera y la piña. Pruebe y ajuste de sal y azúcar. Cocine hasta que las frutas y verduras estén cocidas y la salsa espesa.
- Sirva caliente el pollo con bastante salsa procurando que todos los platos contengan todas las frutas; decore con ajonjolí tostado.

Tamal de masa colada

Masa blanca

4 ℓ de agua

1 kg de maíz blanco

1 taza de manteca de cerdo

1 cucharada de sal

1 taza de agua (sólo si es necesario)

Rojo antiguo tabasqueño ("Rojo")

1 cucharada de achiote tabasqueño

¾ de taza de pepita de calabaza con cáscara

1 totoposte o 4 tortillas de maíz bien doradas en aceite

5 clavos de olor

20 pimientas negras

⅔ de cucharadita de comino

1 cucharada de orégano

½ cucharadita de canela recién molida

12 dientes de ajo medianos, pelados

1 taza de cebolla blanca picada

2 tazas de caldo o agua

2 tazas de agua

3 ½ cucharaditas de sal

1 taza de manteca

el *shish* fino que reservó (1 taza aproximadamente)

12 hojas de epazote seco o 22 frescas

1 taza de agua (sólo si es necesaria)

Pato o carne

agua suficiente

6 dientes de ajo machacados

20 piezas de carne de pato de 100 g cada uno

1 cucharada de sal

Ensamble

20 retazos de hojas de plátano asados de 20 x 15 cm aproximadamente

20 cuadros de hojas de plátano asados de 40 x 30 cm aproximadamente

---

Rendimiento: 18-20 tamales　　**Preparación: 1 ½ h**　　**Cocción: 3 h**　　**Costo: 2**
Dificultad: 3　　**Material específico: vaporera**

Masa blanca

- En una olla grande ponga a hervir a fuego alto el agua.
- Remoje el maíz en abundante agua fría (ésta debe rebasar el maíz, de forma que todas las impurezas, granos rotos, cabellos y pedacitos de olote floten). Retire todos los elementos que floten, enjuague el maíz y reserve.
- Cuando el agua hierva a borbotones añada el maíz; en cuanto hierva nuevamente, deje durante 3 minutos más y retire del fuego.
- Deseche el agua caliente y añada agua fría para detener la cocción (en este paso se dice que el maíz queda "sancochado". De 1 kilo de maíz crudo obtendrá 1 ½ kilos de maíz sancochado. En este punto podrá detectar algunos granos que estén negros o manchados, deséchelos).
- En un molino manual, muela los granos de maíz (quedarán molidos pero martajados; no utilice agua). Coloque un recipiente debajo del molino para recolectar todo el maíz. (Si desea, puede llevar el maíz a moler al molino, especialmente si aumenta las cantidades de la receta.)

- Vuelva a moler el maíz para obtener una harina más fina. Ajuste el molino apretando más la mariposa de los tornillos del engrane que está en los discos moledores (no utilice agua). Aunque la harina húmeda no logra ser totalmente fina como una harina de trigo, no debe tener tantos gránulos; tal vez, deberá moler nuevamente. En este punto usted debe tener una harina con *shish*. (A los hollejos y gránulos del maíz se les llama *shish*.)
- Añada 5 tazas de agua en el recipiente que contiene el maíz molido con el *shish*. Mezcle con las manos para liberar toda la fécula que sea posible.
- Sobre un tazón ponga un colador y cuele poco a poco la harina. Apriétela con las manos para que el *shish* quede lo más seco posible; recolecte toda el agua (la cual tendrá un color blanquecino). Cuando haya terminado de colar todo, añada 3 tazas más de agua al *shish* y vuelva a repetir todo el proceso, siempre apretándolo para que quede sin agua y lo más seco posible.
- Deseche el *shish*. Pase el agua a través de un trozo de manta de cielo y apriete enérgicamente para extraerla (es posible que quede

atrapada en la tela 1 taza de *shish*, aproximadamente, o asiento fino; resérvelo, ya que se utilizará para darle consistencia al "Rojo". Si por algún motivo no quedara suficiente o nada de *shish* fino atrapado en la tela, éste se obtendrá de lo que se asiente en el fondo del agua).

- Caliente el agua que obtuvo del *shish* con la manteca y la sal sin dejar de mezclar hasta que se cueza (es importante no dejar de mover durante toda la cocción). Al final deberá tener la apariencia de una salsa muy espesa, casi como pasta (para este paso es mejor si lo hace con un batidor globo). Técnicamente, la masa debe ser consistente pero muy suave; en caso de que esté muy espesa, añada más agua. No deje que la masa se cueza demasiado, de lo contrario la manteca se separará.

Rojo antiguo tabasqueño ("Rojo")

- Quiebre y remoje el achiote en agua caliente para que se deshaga; este paso es necesario, ya que a veces la licuadora no lo deshace cuando está muy duro.
- En un sartén o comal a fuego bajo, tueste las pepitas hasta que queden de color café oscuro sin llegar a quemarse; retire del fuego y deje enfriar.
- Muela las pepitas en un molino de mano lo más finamente posible. Añada poco a poco el totoposte o las tortillas, todas las especias, los ajos y la cebolla, nada debe quedar en el molino.

- Licue toda la pasta que obtuvo del molino, el caldo, el agua y el achiote hasta obtener una salsa muy tersa que no sea necesario colar. (Si su licuadora es muy potente, puede hacer los dos pasos anteriores en un solo paso; la razón por la que se muele primero todo en el molino es que la pepita es muy difícil de moler por la cáscara y, en consecuencia, queda martajada, textura que no es agradable al paladar.)
- Coloque en una olla grande el licuado, las 2 tazas de agua, la sal, la manteca y el *shish* fino que reservó. Caliente sin dejar de mover con un batidor globo. Es importante no descuidarlo, ya que en el preparado se pueden hacer grumos al parar de mezclar.
- En el último minuto añada el epazote; si cree que la masa está muy espesa, añada entre ½ y 1 taza de agua; bata hasta que quede bien mezclado.

Pato o carne

- Caliente el agua con los ajos; añada el pato para que se cueza un poco y suelte toda la sangre. Deseche el caldo y los ajos, reserve la carne. (El pato no debe estar cocido totalmente, debe quedar sólo sancochado. Esto mismo aplica para cualquier otra carne que utilice.)
- Añada el pato, sin su caldo, al "Rojo" y mezcle.

Ensamble

- Coloque el cuadro de hoja chico sobre el cuadro grande; esto servirá para reforzar las hojas y ayudará a que el tamal quede más firme al momento de envolver.
- Sobre el centro de la hoja de plátano más pequeña coloque ⅔ de taza de masa blanca.
- Coloque una pieza de carne con bastante salsa ("Rojo") en el centro de la masa blanca.
- Envuelva los tamales doblando las orillas laterales hacia el centro del tamal; doble los dos extremos restantes de la hoja hacia atrás (los dobleces deben quedar en la parte de abajo del envoltorio o tamal; cuide que no se salga nada del relleno. El tamal debe medir 14 x 7 centímetros aproximadamente). Repita este paso con el resto de los ingredientes.
- En una vaporera coloque los tamales de forma horizontal; tape con los pedazos de hojas restantes y sobre éstas acomode una bolsa de plástico para que no escape el vapor. Caliente a fuego alto, espere a que el vapor salga de la olla, y a partir de ese momento considere 2 horas más de cocción. Apague, deje reposar por lo menos 3 horas, vuelva a recalentar y sirva los tamales bien calientes, dejando que cada comensal desenvuelva su propio tamal.

NOTA

- El reposo y el enfriado de los tamales son indispensables. Si se abren recién cocinados tendrán la apariencia de crudos, aguados y mal hechos. El almidón natural del maíz necesita su tiempo para cuajar; de hecho, se recomienda hacerlos desde muy temprano o 1 día antes.

Tamal _verde_

Masa

- 1 taza de manteca de cerdo
- 1 cucharada de polvo para hornear
- 1 cucharada de sal
- 1 kg de harina de maíz fresca para tamales (_ver página xv_)
- 1 ½ tazas de caldo de cerdo, pollo o agua

Salsa

- ½ kg de tomate verde
- ⅓ de taza de hojas de cilantro picadas
- ⅓ de taza de cebolla blanca troceada
- 1 cucharada de ajo picado
- 4 chiles serranos verdes
- 2 cucharaditas de sal (o al gusto)

Carne

- ½ kg de punta de lomo de cerdo
- 1 ½ cucharaditas de sal

Ensamble

- 16 hojas de maíz grandes remojadas en agua caliente

Rendimiento: 16 tamales   **Preparación: 40 min**   **Cocción: 1 h**   **Reposo: 20 min**   **Costo: 2**
Dificultad: 2   **Material específico: vaporera**

Masa

- Mezcle la manteca, el polvo para hornear y la sal; bata hasta que la manteca se torne blanca y adquiera la apariencia de un merengue. Añada la harina de maíz y 1 taza de caldo; bata hasta que todo se incorpore y esté bien mezclado (si la masa se ve o se siente seca, añada el resto del caldo; debe quedar ligeramente aguada y puede utilizar hasta ¼ de taza extra de caldo de lo que indica la receta. Si la masa no queda aguada, los tamales saldrán secos, así que es normal que crea que la masa se pasó de caldo).

Salsa

- Licue todos los ingredientes hasta que la salsa quede molida, pero con cierta textura. Cuélela para que se escurra toda el agua y quede sólo la pulpa; este paso es importante, porque si la salsa es muy líquida aguadará la masa del tamal. Pruebe y ajuste de sal.

Carne

- Corte la carne en tiras de 1 centímetro de grosor para obtener 16 tiras; sale y reserve hasta hacer los tamales.

Ensamble

- Coloque en la mitad inferior de 1 hoja de maíz ⅓ de taza de masa y sobre ésta un pedazo de carne y 1 cucharada generosa de salsa.
- Doble las orillas laterales de la hoja hacia el centro, debiendo quedar una sobre la otra. Termine de cerrar el tamal doblando la punta de la hoja hacia el centro, sobre el doblez anterior, sin apretar demasiado para que la masa no se salga por el orificio de la base de la hoja. Repita estos pasos con el resto de las hojas y los ingredientes. (Generalmente 1 hoja de maíz es suficiente por tamal, pero a veces tendrá que utilizar 2 porque algunas tienen hoyos o no son lo suficientemente grandes.)
- Coloque los tamales en forma vertical dentro de la vaporera con agua, con el orificio hacia arriba. Cueza a fuego alto, espere a que salga el vapor de la olla, y a partir de ese momento cuézalos por 1 hora. Apague el fuego y deje reposar al menos durante 20 minutos.
- Para servir, vuelva a calentar los tamales. Cada comensal tomará su tamal y lo desenvolverá.

Tamal de rajas poblanas

INGREDIENTES

Masa

1 taza de manteca de cerdo

1 cucharada de sal

1 cucharada de polvo para hornear

1 kg de harina de maíz fresca para tamales (*ver página xv*)

1 ½ tazas de caldo de cerdo o agua

Salsa de jitomate

1 kg de jitomate maduro, pelado y sin semillas

2 cucharadas de aceite de maíz

2 cucharaditas de ajo picado finamente

⅔ de taza de cebolla blanca picada

2 cucharaditas de sal

Relleno

2 chiles poblanos grandes

200 g de queso panela

Ensamble

32 hojas de epazote grandes

16 hojas de maíz grandes, remojadas en agua caliente

Rendimiento: 16 tamales   Preparación: 1 h   Cocción: 1 h   Reposo: 20 min   Costo: 1
Dificultad: 2   Material específico: vaporera

PROCEDIMIENTO

Masa

- Bata la manteca, la sal y el polvo para hornear hasta que la mezcla se torne blanca y adquiera una consistencia de merengue. Añada la harina de maíz y 1 taza de caldo; mezcle y bata hasta que quede incorporado (sólo si es necesario, añada el resto del caldo; difícilmente necesitará más de 1 ½ tazas). Reserve.

Salsa de jitomate

- Corte los jitomates en cubitos. Caliente el aceite, fría el ajo e inmediatamente la cebolla; añada el jitomate y deje sobre el fuego hasta que esté totalmente cocido y seco, pero no deshidratado. Pruebe, ajuste de sal y reserve.

Relleno

- Chamusque los chiles directamente sobre el fuego para que se ampollen; métalos dentro de una bolsa de plástico para que suden. Pele y retire el rabo, las semillas y las venas (para mayor detalle de cómo pelar los chiles, véase la página 136). Córtelos en tiras largas de 1 centímetro de grosor; debe obtener por lo menos 32 tiras, 2 para cada tamal. Reserve.

- Corte el queso panela en tiras de 7 centímetros de largo por 1 de ancho. Reserve.

Ensamble

- Sobre 1 hoja de maíz, coloque ⅓ de taza de masa y extiéndala un poco. Coloque en el centro 2 tiras de rajas de chile, 1 cucharada de la salsa de jitomate, 1 tira de queso y 2 hojas de epazote. Cierre el tamal procurando que la masa envuelva el relleno.

- Doble las orillas laterales de la hoja hacia el centro, debiendo quedar una sobre la otra. Termine de cerrar el tamal doblando la punta de la hoja hacia el centro, sobre el doblez anterior, sin apretar demasiado para que la masa no se salga por el orificio de la base de la hoja. Repita estos pasos con el resto de las hojas y los ingredientes.

- Coloque los tamales en forma vertical dentro de la vaporera con agua, con el orificio hacia arriba. Cueza a fuego alto, espere a que salga el vapor de la olla, y a partir de ese momento cuézalos por 1 hora. Apague el fuego y deje reposar por lo menos durante 20 minutos.

- Para servir, vuelva a calentar los tamales. Es preferible que cada comensal tome su tamal y lo desenvuelva.

Tamal ranchero de Tlacotalpan

INGREDIENTES

Masa

1 kg de masa de maíz

5 tazas de caldo de cerdo o agua

1 taza de manteca de cerdo

2 cucharaditas de sal

4 hojas de acuyo (hoja santa) picadas

Salsa

6 chiles anchos grandes sin rabos, semillas ni venas

1 chile chipotle rojo sin rabo, semillas ni venas

3 tazas de caldo o agua caliente

½ taza de cebolla blanca troceada

4 dientes de ajo pelados

200 g de jitomate asado

¼ de taza de manteca

1 ½ kg de espaldilla de cerdo cortada en cubos de 3 cm por lado

2 hojas santas picadas

1 taza de masa de maíz

1 taza de agua

Ensamble

16 cuadros de hojas de plátano de 25 x 25 cm aproximadamente, asados

16 hojas chicas de acuyo sin la nervadura central

Rendimiento: 16 tamales   **Preparación: 30 min**   **Cocción: 1 h y 45 min**   **Reposo: 2 h y 45 min**
Costo: 1   **Dificultad: 2**   **Material específico: vaporera**

PROCEDIMIENTO

Masa

- Con las manos, diluya en un tazón grande la masa de maíz, el caldo o agua, la manteca y la sal, asegurándose de que no quede ningún grumo y cuele.
- Coloque la mezcla en una olla grande y cueza a fuego medio sin dejar de mover. Espere hasta que tome consistencia de masa y se espese.
- Añada las hojas de acuyo picadas, mezcle y retire del fuego para que se enfríe (es mejor pasar la mezcla a un refractario o charola; no la deje en la olla donde la coció porque lo caliente de ésta provoca que la manteca y la masa se separen; lo mismo sucede si el fuego está muy alto o se cocina demasiado).
- Cuando la masa esté fría, cuajará un poco; córtela en 16 cuadros.

Salsa

- Cubra los chiles con el agua o caldo caliente y remójelos durante 15 minutos. Líquelos junto con la cebolla, los ajos y el jitomate, hasta obtener una salsa muy tersa que no sea necesario colar.

- Caliente la manteca hasta que humee ligeramente y fría la salsa durante 10 minutos. Añada la carne y la hoja santa; cocine por 5 minutos más. Licue la masa con el agua y añádalas a la salsa, sin dejar de mover. Espere hasta que espese, retire del fuego y reserve.

Ensamble

- Sobre la parte brillante de 1 cuadro de hoja de plátano, coloque 1 hoja de acuyo en la parte central; sobre ésta coloque 1 cuadro o 1 cucharada grande de masa blanca, tratando de dejar un hueco en la parte central. Coloque en este hueco ¼ de taza de la salsa roja con la carne, procurando que todos los tamales tengan la misma cantidad de carne.
- Envuelva el tamal en la hoja de acuyo y después con la hoja de plátano. Los tamales deben medir 12 centímetros de largo y 7 de ancho aproximadamente. Repita este paso con el resto de los ingredientes.
- Cueza los tamales en la vaporera a fuego alto durante 1 hora, a partir de que el agua hierva. Apague el fuego y deje reposar durante 2 horas.
- Para servir, recaliente los tamales y sírvalos en su misma hoja.

Tamal de chaya

Tamal

3 dientes de ajo

¼ de taza de cebolla blanca picada

½ cucharada de chile amashito verde o 2 chiles serranos verdes

1 taza de caldo de res, frío

750 g de harina de maíz fresca para tamales (*ver página xv*)

2 tazas de hojas de chaya cocidas y picadas

1 taza de caldo de res, caliente

200 g de manteca derretida y caliente

¼ de taza de cilantro picado

sal al gusto

Ensamble

4 hojas de to o un rollo chico de hojas de plátano

Guarniciones

salsa roja de jitomate (*ver página 121*)

1 taza de queso doble crema chiapaneco, desmoronado

Rendimiento: 16 porciones **Preparación: 30 min** **Cocción: 1 h** **Reposo: 20 min** **Costo: 1**
Dificultad: 2 **Material específico: vaporera**

Tamal

- Licue el ajo, la cebolla y el chile con 1 taza de caldo hasta lograr una salsa tersa; reserve.
- En un recipiente mezcle la harina, la chaya, el caldo caliente, la manteca, el cilantro y la sal. Bata con la mano hasta que todos los ingredientes se hayan mezclado. (Este tamal no requiere un tiempo prolongado de batido; de hecho, sólo debe mezclarse enérgicamente hasta que todos los ingredientes queden incorporados.)

Ensamble

- Divida la masa en 4 tantos aproximadamente. Envuelva cada uno en 1 hoja de to o en 1 cuadro grande de hoja de plátano asada. También puede hacer tamales individuales si lo desea; para ello, divida la masa en 16 porciones y envuelva cada uno en hojas de plátano.
- Cueza los tamales en la vaporera a fuego alto durante 1 hora, a partir de que el agua hierva. Apague el fuego y deje reposar durante 20 minutos.
- Para servir, recaliente los tamales, ábralos y báñelos con bastante salsa roja y espolvoréelos con el queso.

Tamal de dulce

1 ¼ tazas de manteca de cerdo

¼ de cucharadita de polvo para hornear

1 kg de masa de maíz para tortilla

1 ⅓ tazas de agua

1 ¼ tazas de azúcar

¼ de taza de pasitas

¼ de cucharadita de colorante vegetal rojo (opcional)

18 hojas de maíz para tamal, listas para usar

INGREDIENTES

Rendimiento: 18 tamales   Preparación: 25 min   Cocción: 1 h   Costo: 2
Dificultad: 1   Material específico: vaporera

PROCEDIMIENTO

- Bata la manteca de cerdo con el polvo para hornear a velocidad alta hasta que se torne blanquecina y tome apariencia de merengue (este paso puede tomar entre 3 y 5 minutos; si lo hace a mano, puede tardar 5 minutos). Reserve.
- En un recipiente amplio bata enérgicamente con las manos la masa y el agua hasta que ésta no tenga ningún grumo (no use la batidora porque la masa es muy pesada). Añada el azúcar, las pasitas y el colorante; vuelva a mezclar.
- Agregue la manteca batida y mezcle nuevamente hasta que todo esté bien incorporado.
- Coloque aproximadamente ⅓ de taza de la masa preparada en el centro de una hoja de maíz y dóblela para envolver los tamales. Repita este paso con el resto de las hojas y la mezcla.
- Acomode los tamales en una vaporera con agua y cuézalos por 1 hora.

Arroz a la tumbada

2 cucharadas de aceite de oliva + ⅓ de taza

1 ½ tazas de jitomate licuado y colado

1 taza de jitomate cortado en cubitos

18 camarones con cabeza, con cáscara y limpios

1 cucharadita de sal

2 tazas de arroz

2 cucharaditas de ajo picado finamente

⅓ de taza de cebolla blanca picada finamente

¼ de cucharadita de pasta de achiote tabasqueño (opcional)

4 tazas de caldo de pescado (*ver página 134*)

4 tazas de agua

1 kg de almeja

2 cucharaditas de orégano yucateco

2 hojas de oreganón

1 cucharada de cebollina o cebollín picado finamente

2 cucharadas de perejil picado o 4 hojas de perejil ranchero enteras

200 g de calamar limpio

200 g de callo de hacha

6 ramas de cilantro

Rendimiento: 6 porciones　　**Preparación: 10 min**　　**Cocción: 50 min**　　**Costo: 3**　　**Dificultad: 2**

- En una olla chica caliente 2 cucharadas de aceite de oliva; fría el jitomate licuado y el picado hasta que estén totalmente cocidos; reserve.
- Caliente ⅓ de taza de aceite y fría ligeramente los camarones con un poco de sal; retírelos y resérvelos.
- En el mismo aceite donde frió los camarones, añada la cucharadita de sal y fría el arroz hasta que esté ligeramente dorado. A mitad de la fritura del arroz añada el ajo y la cebolla; continúe friendo hasta que esté ligeramente dorado. Añada el achiote diluido en 2 cucharadas de agua, deje freír ligeramente, agregue el jitomate que reservó, mezcle y deje freír un par de minutos. Vierta el caldo de pescado y el agua, tape y deje cocinar hasta que el arroz esté cocido, durante 25 minutos aproximadamente.
- A media cocción, añada las almejas y en los últimos minutos agregue el orégano, el oreganón, la cebollina o cebollín, el perejil y los mariscos restantes; verifique la sal, tape y termine la cocción.
- Sirva en cada plato suficiente arroz con caldo, almejas, calamar, callo de hacha y 3 camarones; adorne con 1 rama de cilantro.

CONSEJO

- En caso de que haya utilizado perejil ranchero, éste se desecha.

Camarones al mojo de ajo

INGREDIENTES

½ taza de aceite de oliva

½ taza de cebolla blanca picada en grueso

8 dientes de ajo grandes pelados

½ cucharadita de pimienta negra entera

1 cucharadita de sal

16 camarones grandes con cáscara (U12)

1 chile serrano rebanado (opcional)

Rendimiento: 4 porciones **Preparación: 10 min** **Cocción: 8 min** **Costo: 2** **Dificultad: 1**

PROCEDIMIENTO

- Licue los primeros cinco ingredientes hasta obtener un licuado terso; reserve.
- Sin quitar la cáscara a los camarones, corte a lo largo del lomo para extraer la vena negra y sale al gusto. Vierta sobre ellos el licuado de los ajos y deje reposar por unos minutos.
- Coloque los camarones en un sartén a fuego medio, cocínelos durante 4 minutos por cada lado (no los cocine demasiado, deben estar tiernos, ligeramente dorados, y el ajo frito pero no demasiado dorado).
- Sírvalos bañados con la mayor cantidad de mojo de ajo posible y el chile.

Pescado zarandeado

INGREDIENTES

Salsa

750 g de jitomate maduro asado

3 chiles serranos asados

¼ de taza de cebolla blanca picada

1 ½ cucharaditas de ajo picado finamente

¼ de taza de cilantro picado

1 cucharada de perejil picado

sal marina al gusto

Pescado

1 pargo o mero de 1 ½ a 2 kg limpio

sal marina y pimienta al gusto

½ cucharadita de orégano

¼ de taza de aceite de canola

1 cucharada de jugo de limón

12 tortillas de maíz

Rendimiento: 6 porciones   Preparación: 15 min   Cocción: 25 min   Costo: 2   Dificultad: 2

PROCEDIMIENTO

Salsa

- Licue el jitomate, los chiles, la cebolla y el ajo hasta obtener una salsa con textura; colóquela en un tazón, añada el cilantro, el perejil y la sal marina; mezcle y reserve para servir con el pescado.

Pescado

- Abra el pescado por la mitad para que quede en forma de "mariposa"; deseche las espinas, salpimente al gusto y espolvoree el orégano; déjelo reposar.

- Unte con aceite todo el pescado y cuézalo sobre la parrilla por los dos lados; cubra con una tapa para que la cocción sea uniforme; deberá voltearlo por lo menos 2 veces para que quede bien cocido, y cada vez que lo haga deberá untarlo con aceite para que no se pegue. (Para evitar que el pescado se rompa entre vuelta y vuelta, es ideal meterlo en una rejilla metálica para asar pescados.)

- Justo antes de retirar el pescado de las brasas rocíelo con el jugo de limón. Sirva acompañado con la salsa y las tortillas de maíz.

Chilpachole de jaiba

INGREDIENTES

- 2 kg de jaibas vivas o frescas (16 aproximadamente)
- 1 cuarterón de cebolla blanca
- 3 dientes de ajo crudos partidos por mitad
- 3 dientes de ajo asados con su piel y después pelados
- 4 jitomates asados, pelados y troceados
- ½ taza de cebolla blanca picada

- 1 chile chipotle asado
- 2 cucharadas de aceite de oliva
- ½ taza de hojas de epazote picadas
- 4 tortillas de maíz
- 1 cucharadita de fécula de maíz
- sal al gusto
- rodajas de limón para servir

Rendimiento: 4 porciones   **Preparación: 20 min**   **Cocción: 1 h 10 min**   **Costo: 2**   **Dificultad: 1**

PROCEDIMIENTO

- Limpie las jaibas retirando los caparazones, lávelas, desprenda las tenazas y reserve. Limpie bien la parte del cuerpo de las jaibas retirando cualquier impureza o suciedad.
- Colóquelas en una cacerola y cúbralas con agua; cueza con la cebolla y los ajos crudos. Tan pronto se pongan rojas, retírelas del fuego (aproximadamente 5 minutos a partir de que empieza a hervir el agua). Saque las jaibas y reserve el caldo.
- Extraiga toda la pulpa posible del cuerpo y de las tenazas, reservando 4 de ellas para la presentación. En caso de que contengan hueva (de color naranja), resérvela por separado.

- Licue los ajos asados con los jitomates, la cebolla y el chile chipotle asado hasta que obtenga una salsa tersa; cuele y reserve.
- Caliente el aceite y fría la mezcla de jitomate por 15 minutos. Añada 7 tazas de caldo y deje hervir con el epazote y la sal por 30 minutos a fuego bajo.
- Licue las tortillas y la fécula con 1 taza del caldo hasta que obtenga una preparación muy tersa. Cuele, añada a la sopa y cueza por 10 minutos más; verifique la sal. Sirva caliente y añada en cada tazón 3 cucharadas de pulpa de jaiba y un poco de hueva, si la hubiera.
- Adorne cada plato con 1 tenaza y las rodajas de limón.

Huachinango
a la veracruzana

xix

- 6 filetes gruesos de huachinango de 150 g cada uno o un pescado entero
- ½ cucharadita de sal + 1 cucharadita
- 2 kg de jitomate bola o guajillo maduro
- ⅓ de taza de aceite de oliva virgen
- 18 papitas cambray (300 g) cocidas y peladas

- ¼ de taza de cebolla blanca picada finamente
- 1 cucharada de ajo picado finamente
- 2 cucharadas de azúcar (opcional)
- 3 hojas de laurel
- 1 cucharadita de orégano
- 2 cucharadas de perejil picado finamente

- ¼ de taza de aceitunas verdes sin hueso, enteras y enjuagadas
- 2 cucharadas de alcaparras enjuagadas
- 2 cucharadas de pasitas negras
- 6 chiles güeros largos o carricillos curtidos o en escabeche y drenados
- arroz blanco (*ver página 22*)

Rendimiento: 6 porciones   Preparación: 15 min   Reposo: 30 min
Cocción: 45 min   Costo: 2   Dificultad: 2

- Sale los filetes de pescado (o la pieza entera) y déjelos en refrigeración mientras prepara la salsa. (Es importante que el pescado repose en la sal por lo menos ½ hora, pues la carne se vuelve más firme.)
- En una olla, caliente de 2 a 3 litros de agua; cuando hierva a borbotones retire el corazón de los jitomates y sumérjalos uno por uno durante algunos segundos; páselos inmediatamente a un recipiente con agua con hielos para detener su cocción; retíreles la piel y pártalos por la mitad.
- Coloque un colador grande sobre un recipiente del mismo tamaño. Sobre el colador, extraiga con los dedos todas las semillas del interior del jitomate; presione para sacar todo el jugo. Repita este paso con el resto de los jitomates y, al final, deseche las semillas y conserve todo el jugo que haya extraído.
- Pique finamente toda la pulpa del jitomate hasta que prácticamente se vea como un puré. Colóquelo picado en un colador para que se desjugue; el jugo que obtenga júntelo con el reservado de las semillas y guárdelo.

- En una cacerola amplia caliente el aceite de oliva y fría las papas hasta que queden ligeramente doradas, retírelas y resérvelas.
- En el mismo aceite fría la cebolla hasta que se torne transparente; agregue el ajo, deje freír unos segundos y añada inmediatamente la pulpa de jitomate. Mezcle poco a poco para que todo se fría. Pruebe antes de agregar sal y verifique la acidez del jitomate; en caso de que esté muy ácido, añada el azúcar.
- Agregue el laurel, el orégano y el perejil; deje cocinar hasta que el jitomate haya perdido su sabor crudo, cuidando de no sobrecocerlo. Añada el jugo de jitomate reservado y deje cocinar por unos minutos. En los últimos instantes añada las aceitunas, las alcaparras y las pasitas. Verifique la sal y, en caso de ser necesario, agregue la cucharadita restante. Sumerja los filetes o el pescado en la salsa y deje cocinar de 5 a 7 minutos.
- Sirva el pescado completo o, en cada plato, 1 filete bañado con bastante salsa, 3 papitas por comensal y 1 chile güero sobre cada uno. Acompañe con el arroz blanco.

Pescado tikin xic

Recado

110 g de pasta de achiote

¼ de taza de cebolla blanca picada

3 clavos de olor

4 dientes de ajo grandes

3 pimientas gordas

1 cucharadita de pimienta negra entera

½ taza de jugo de naranja agria o sustituto (*ver página 137*)

½ taza de jugo de naranja dulce

1 cucharadita de sal (o al gusto)

Pescado

6 filetes de robalo de 180 g cada uno aproximadamente

1 cucharada de ajo picado finamente

½ cucharadita de sal (o al gusto)

½ cucharadita de pimienta negra recién molida

¼ de taza de aceite de maíz o de oliva virgen

Guarniciones (opcionales)

cebolla curada en jugo de limón (*ver página 116*)

arroz blanco (*ver página 22*)

rebanadas gruesas de jitomate asado

rebanadas de aguacate

rebanadas de plátano macho maduro y frito

frijoles refritos (*ver página 46*)

tortillas de maíz

Rendimiento: 6 porciones   **Preparación:** 15 min   **Marinación:** 5 min
Cocción: 10 min   **Costo:** 2   **Dificultad:** 1

Recado

- Licue la pasta de achiote, la cebolla, los clavos, los ajos, las pimientas, los jugos de naranja y la sal hasta obtener una salsa muy tersa. Vierta el recado sobre el pescado cubriéndolo todo y deje reposar por 5 minutos aproximadamente.

Pescado

- Seque los filetes con una servilleta de papel. Úntelos con el ajo, salpimente y déjelos reposar por 10 minutos.
- Caliente dos sartenes de teflón (de preferencia de fondo grueso) a fuego bajo; vierta 2 cucharadas de aceite de maíz o de oliva en cada sartén, deje que humee ligeramente y coloque 3 filetes de pescado en cada uno.
- Espere a que doren de un lado (5 minutos aproximadamente), voltéelos, tape y deje que se cuezan por otros 5 minutos. (Es normal que una parte de la marinada de achiote se pierda en el fondo del sartén, por lo que es opcional recoger el aceite saborizado para bañar el pescado al momento de servirlo.)
- Sirva en cada plato 1 filete con un poco de cebolla curada. Puede servir el pescado con el aceite saborizado de la cocción y las guarniciones al gusto.

Pescado frito

4 pescados chicos (mojarra, rubia, palometa, papelillo, huachinanguito) o 1 grande (pargo, mero, robalo)

sal, la necesaria

jugo de limón, ajo y harina (opcional)

aceite para freír, el necesario (cártamo, girasol, maíz o canola)

El pescado frito es una de la formas más frecuentes y deliciosas de consumir el pescado en México. A diferencia de otras recetas, aquí no se dan cantidades exactas, sólo recomendaciones para hacer un pescado frito exitoso. Estos consejos recopilados de varias regiones del país son esenciales para que el pescado no se rompa, no se pegue en el fondo del recipiente en el cual se fríe y para que se obtenga un dorado uniforme.

- Sale el pescado y déjelo reposar por 30 minutos.
- Seque perfectamente el pescado.
- Caliente en un sartén aceite para freír e introduzca el pescado. Dele la vuelta cuando esté dorado. Retírelo cuando esté bien cocido y déjelo escurrir sobre servilletas de papel.

CONSEJOS

El pescado

- Todos los pescados chicos deben rayarse dos veces por lo menos (el rayado son los cortes en los costados del pescado para que penetre el calor y el aceite). En cambio, los pescados grandes como el pargo o el mero y especialmente el robalo, deben cortarse en rodajas gruesas de 2 centímetros aproximadamente. Estos cortes suelen llamarse postas; de esta forma, la parte exterior quedará dorada y la interior jugosa.

- Independientemente del tipo de pescado, hay que asegurarse de que esté bien seco antes de freírlo quitándole toda la humedad con toallas de papel, ya que si está húmedo se pegará inevitablemente.

- Es recomendable salar el pescado ½ hora antes de freírlo, pues eso ayudará a que la carne sea más firme y tome mejor sabor. Si acostumbra añadirle limón (lo cual no es recomendable), después de unos minutos deberá secarlo y salarlo nuevamente. Si desea untarle ajo, puede hacerlo, siempre y cuando el pescado permanezca seco.

- Si el pescado está totalmente seco no necesita enharinarlo. En caso de que desee hacerlo, debe cuidar que la harina no tenga aspecto húmedo para que el pescado no se pegue al recipiente. Debe sacudir el pescado para retirar el exceso de harina y así evitar que salte sobre el aceite al momento de freír, pues esto lo quema más rápido.

El aceite

- Debe contar con bastante aceite para que el pescado se sumerja totalmente. La olla debe ser muy profunda, de forma que la mitad superior quede vacía para que el aceite no se derrame ni salpique fuera del recipiente.

- Antes de freír el pescado, puede aromatizar el aceite con unos dientes de ajo. Una vez que haya terminado debe añadir un poco de sal, la cual se irá al fondo y logrará hacer una especie de teflón natural que no permitirá que el pescado se pegue. Cuando introduzca el pescado, el aceite debe estar muy caliente.

- Debe saber cuál es la potencia del quemador de su estufa, ya que si fríe más de un pescado a la vez, tal vez no haya el calor suficiente para que se cuezan bien. Lo mejor es ir friendo uno por uno para obtener los mejores resultados.

- Tenga siempre papel de estraza o servilletas de papel para poner ahí el pescado y escurrir el exceso de grasa. Un pescado frito adecuadamente tendrá la piel dorada y crujiente y estará bien cocido por dentro y con la carne blanca y muy jugosa.

- Sirva el pescado recién frito, acompañado con limón, sal al gusto o algún aderezo, como mayonesa.

- Una vez utilizado el aceite déjelo enfriar, enváselo en un frasco con tapa, etiquételo con la leyenda "aceite quemado" y tírelo en la basura orgánica. Desechar 1 litro de aceite directamente en la tarja contaminará más de 20 litros de agua, según las estadísticas.

Asado de res

Asado

1 ½ kg de chambarete o espaldilla de res

1 cabeza de ajo cortada por mitad

1 cebolla blanca chica cortada en cuarterones

1 cucharada de sal

1 kg de jitomates bien maduros, asados

3 dientes de ajo grandes asados con piel y después pelados

½ cucharadita de pimienta negra entera

½ cucharadita de comino

¼ de taza de aceite de maíz o de cártamo

1 cucharada de azúcar

3 papas grandes, peladas y cortadas en cubos de 2 cm de grosor aproximadamente

3 zanahorias chicas, peladas y cortadas en rebanadas de 1 cm de grosor aproximadamente

2 cucharadas de chícharos frescos sin vaina

3 chiles serranos verdes enteros

1 taza del caldo en el que se coció la carne

3 cucharadas de pasitas negras (opcional)

3 cucharadas de almendras enteras tostadas (opcional)

Guarniciones

arroz blanco o rojo (*ver página 22*)

frijoles de la olla (*ver página 42*)

tortillas de maíz

Rendimiento: 6 porciones   **Preparación: 10 min**   **Cocción: 1 h - 4 h**   **Costo: 2**   **Dificultad: 1**

- Ponga la carne a cocer a fuego alto en suficiente agua con la cabeza de ajo, los cuarterones de cebolla y la sal. Cuando empiece a hervir baje a fuego medio y retire constantemente la espuma que flota en la superficie del caldo. Deje cocer hasta que la carne esté suave (este paso puede tomar entre 2 y 3 horas; si lo hace en olla de presión, 30 minutos aproximadamente).

- Mientras se cuece la carne, trocee los jitomates y lícuelos con los dientes de ajo, la pimienta y el comino, hasta obtener una salsa muy tersa que al colarla no deje casi nada atrapado en el colador; reserve.

- En una olla grande caliente el aceite a fuego alto hasta que humee ligeramente; añada el jitomate licuado y deje cocer por 10 minutos.

Agregue el azúcar, las papas, las zanahorias, los chícharos y los chiles serranos, tape y cueza durante 20 minutos.

- Añada los trozos de carne y 1 taza del caldo en el que se coció la carne. Tape la olla y deje cocer por 10 minutos más aproximadamente, hasta que las verduras estén suaves pero firmes (sólo en caso de que el líquido se haya evaporado demasiado añada un poco más del caldo de la carne, cuidando que no quede demasiado aguado).

- Agregue las almendras y las pasitas. Cocine durante 5 minutos más. Pruebe y ajuste de sal.

- Sirva en cada plato trozos de carne con verduras y bastante salsa. Acompañe con arroz blanco o rojo, frijoles y tortillas de maíz.

Birria

INGREDIENTES

Birria

2 kg de carne de chivo con hueso

1 cucharada de sal (o al gusto)

Marinada

2 chiles anchos grandes desvenados, sin semillas y asados

4 chiles guajillos grandes desvenados, sin semillas y asados

8 chiles cascabel desvenados, sin semillas y asados

8 dientes de ajo pelados

½ taza de cebolla blanca troceada

1 cucharadita de cominos

20 pimientas negras

4 clavos de olor

1 cucharada de orégano

1 ½ cucharadas de sal de grano

½ taza de vinagre blanco

Salsa

300 g de jitomate asado, pelado y sin semillas

1 taza del guiso que se obtiene de la birria horneada, sin grasa

sal al gusto

Rendimiento: 10 porciones   Preparación: 10 min   Marinación: 1 día
Cocción: de 4 a 5 h   Costo: 3   Dificultad: 1

PROCEDIMIENTO

Birria
- En una charola para hornear coloque la carne, sale y déjela reposar mientras hace la marinada.

Marinada
- Licue todos los ingredientes hasta obtener una salsa muy tersa que no sea necesario colar (sólo utilice el agua a fin de ayudar a las aspas de la licuadora para moler; procure que quede espesa. Debe obtener suficiente salsa para cubrir toda la carne). Pruebe y verifique la sal.

- Vierta sobre la carne, mezcle todo, tape y deje marinar dentro del refrigerador por 1 día.
- Hornee a 180 °C, de 4 a 5 horas o hasta que la carne esté suave.
- Sirva la birria caliente; cada comensal debe hacerse sus tacos y acompañarlos con salsa al gusto.

Salsa
- Licue ambos ingredientes hasta obtener una salsa tersa; pruebe y ajuste de sal.

Cochinita pibil

I N G R E D I E N T E S

1 kg de falda de cerdo en 1 o 2 trozos grandes

½ cucharadita de sal (o al gusto)

⅓ de taza de manteca de cerdo

100 g de pasta de achiote

1 ½ tazas de jugo de naranja dulce

½ taza de jugo de naranja agria o sustituto (*ver página 137*)

12 cuadros de hoja de plátano asados, de 30 cm por lado

18 rebanadas de naranja dulce cortadas de 1 cm de grosor y peladas

6 cuadros de papel aluminio de 30 cm por lado

Guarniciones

cebolla morada curada en jugo de limón (*ver página 116*)

salsa tamulada de chile habanero (*ver página 124*)

tortillas de maíz

Rendimiento: 6 porciones   Preparación: 35 min   Marinación: de 4 h a 2 noches
Cocción: 3 h   Costo: 2   Dificultad: 2

P R O C E D I M I E N T O

- Unte la carne con la sal y déjela reposar por 2 horas o toda la noche.
- Caliente la manteca en un sartén grueso hasta que humee; agregue la carne sin el jugo que suelte y dore sólo por el lado más grasoso. Retire del fuego y reserve carne y manteca por separado (en este punto la carne debe estar bien dorada por un solo lado y el resto cruda para que la pasta de achiote penetre). Córtela en cubos de 3 centímetros por lado y reserve.
- Licue la pasta de achiote con los dos jugos de naranja y mézclela con la carne; añada la manteca donde se doró la carne (cerciórese de que toda la carne esté cubierta por la salsa). Deje marinar en refrigeración durante 2 horas o toda una noche si es posible.
- Al día siguiente divida la carne en 6 porciones. Ponga sobre una mesa 6 hojas de plátano con la parte brillosa hacia arriba; sobre éstas coloque 3 rebanadas de naranja por hoja y encima 1 porción de carne. Bañe con ⅓ de taza de la marinada por porción.
- Envuelva cada porción de manera sencilla, como si fuera un tamal. Vuelva a envolver esta porción en otra hoja más, de tal manera

que el envoltorio tenga 2 capas. Finalmente, envuelva cada porción con un cuadro de papel aluminio con la parte brillosa hacia adentro; esto servirá para que los jugos y los sabores del preparado no escapen.

- Para cocción al vapor, coloque todos los envoltorios dentro de una vaporera a fuego alto y deje durante 2 horas a partir de que comience a escapar el vapor. Apague y deje reposar los envoltorios en la olla donde se cocinaron hasta el momento de servirlos. Si es necesario, puede recalentarlos. (Se recomienda una vaporera de 25 centímetros de diámetro por 25 de alto.)
- Para cocción al horno coloque los envoltorios en una charola para hornear, métala al horno previamente calentado a 180 °C y hornee de 2 a 3 horas o hasta que la carne esté suave.
- Para servir, deseche el papel aluminio y la primera capa de hoja de plátano de cada envoltorio; conserve la otra hoja como presentación del platillo, doblando las puntas hacia dentro cuando sirva los envoltorios. Acompañe con las guarniciones.

C O N S E J O

- Si la cochinita se va a servir inmediatamente se tiene que dejar cocer durante 2 horas. Si se va a cocer y servir posteriormente, 1 ½ horas son suficientes, ya que al dejarla reposar en la olla la cocción continúa; además, al recalentarla se terminará de cocer.

Chilorio

INGREDIENTES

1 kg de cabeza de lomo de cerdo

1 cucharada de sal

¼ de taza de manteca de cerdo o aceite

2 tazas de agua

6 chiles anchos grandes desvenados y sin semillas

½ taza de vinagre blanco

1 cucharadita de orégano

½ cucharadita de comino recién molido

6 dientes de ajo pelados

tortillas de harina (opcional)

Rendimiento: 6 porciones   Preparación: 10 min   Cocción: 1 h 20 min   Costo: 2   Dificultad: 1

PROCEDIMIENTO

- Coloque la carne en una olla y vierta agua hasta cubrirla; añada la sal, tape y cueza a fuego bajo por 40 minutos o hasta que esté suave.
- Destape la olla para que se evapore el caldo y cuando ya no haya líquido añada la manteca. Dore la carne de manera uniforme. (En este punto puede deshebrarse o dejarla entera.) Resérvela en la olla.
- Caliente las 2 tazas de agua, sumerja los chiles, tape y cueza por 5 minutos. Retírelos del fuego y licúelos con su agua, el vinagre, el ajo, el orégano y el comino; debe obtener una salsa muy tersa y fina que no sea necesario colar.
- Caliente la olla con la carne a fuego alto y añada la salsa. Mezcle y fríala ligeramente, baje el fuego y déjela cocer durante 20 minutos más hasta que la salsa esté cocida, espesa y el guiso casi seco.
- Sirva acompañado de tortillas de harina.

Mixiote tlaxcalteca

INGREDIENTES

1 ½ kg de carne de carnero con hueso cortada en trozos

2 cucharadas de sal

10 chiles guajillos grandes sin semillas ni venas

5 chiles anchos grandes sin semillas ni venas

1 ℓ de agua caliente

1 ½ cucharaditas de comino

6 dientes de ajo grandes pelados

3 clavos de olor

3 pimientas negras

4 cm de canela en rama

1 cucharadita de orégano

½ cucharadita de tomillo

1 cebolla blanca chica

1 taza de vinagre

4 cucharadas de sal

¼ de taza de aceite de maíz

6 cuadros de hoja de mixiote

12 hojas de aguacate asadas

Guarniciones

tortillas de maíz

salsa verde cruda (*ver página 123*) o cocida
(*ver página 122*)

Rendimiento: 6 porciones **Preparación: 25 min** **Reposo: 1 noche** **Cocción: 1 h 45 min**
Costo: 2 **Dificultad: 2** **Material específico: hilaza**

PROCEDIMIENTO

- Ponga la carne en una charola, espolvoree la sal y resérvela.
- En un comal o sartén ase los chiles por la parte brillante o exterior; remójelos en el agua caliente hasta que estén suaves (20 minutos aproximadamente).
- Licue los chiles, el comino, los ajos, los clavos, las pimientas, la canela, el orégano, el tomillo, la cebolla, el vinagre, la sal y utilice un poco del agua con la que remojó los chiles. Procure que el licuado sea lo más espeso posible para obtener una salsa muy tersa que no sea necesario colar.
- Caliente en una cacerola el aceite y fría la salsa; si es necesario añada un poco de agua del remojo de los chiles. Estará cocida cuando haya

espesado. Retírela del fuego, déjela enfriar y unte los trozos de carne con esta salsa. Deje marinando en refrigeración durante 1 noche.
- Divida la carne en 6 porciones. Coloque en el centro de cada hoja de mixiote 2 hojas de aguacate y sobre éstas 1 porción de carne con bastante salsa.
- Junte las cuatro puntas de cada hoja en el centro para hacer un "molotito" y amarre cada uno con hilaza.
- Cueza los mixiotes en una vaporera durante 90 minutos, a partir de que el vapor comience a escapar.
- Al servir, cada comensal debe desamarrar su mixiote y hacerse tacos con tortillas de maíz; generalmente se acompañan con salsa verde.

Pancita

INGREDIENTES

1 ½ kg de pancita limpia, cortada en cuadros de 3 cm por lado

4 ℓ de agua

½ cebolla blanca

6 dientes de ajo grandes

2 cucharadas de sal

18 chiles guajillos sin semillas ni venas

⅔ de taza de aceite

½ cebolla blanca troceada

8 dientes de ajo grandes, pelados y troceados

8 pimientas negras

6 tazas de agua

12 ramas de epazote amarradas

Guarniciones

⅓ de taza de cebolla picada

chile de árbol seco molido al gusto

orégano seco en polvo al gusto

4 limones partidos por mitad

tortillas de maíz

Rendimiento: 6 porciones   **Preparación: 10 min**   **Cocción: 1 h**   **Costo: 2**   **Dificultad: 1**

PROCEDIMIENTO

- Coloque en una olla de presión la pancita, 2 litros de agua, ½ cebolla, los 6 dientes de ajo y la sal. Tape y cueza por 30 minutos, a partir de que comience a escapar el vapor. No cueza la pancita más tiempo, ya que se puede deshacer.
- En un comal o sartén caliente, tueste los chiles por la parte más brillante y córtelos en trozos muy pequeños.
- Caliente ⅓ de taza de aceite y fría la cebolla troceada, los ajos, los chiles y las pimientas. Añada el agua y cueza por unos minutos para que los chiles se suavicen; deje enfriar.

- Licue todo hasta obtener una salsa muy tersa y cuele. Caliente el aceite restante y fría la salsa hasta que esté cocida y se torne roja.
- Agregue a la pancita la salsa de chile; mezcle, añada los 2 litros de agua restantes, deje hervir y baje el fuego. Cueza por 20 minutos más. Unos instantes antes de servir, agregue el epazote.
- Sirva bien caliente los trozos de pancita con bastante caldo; procure no servir las ramas de epazote.
- Cada comensal debe agregar las guarniciones al gusto y acompañar con jugo de limón y tortillas.

Queso relleno

- 1 queso edam completo, en bola, de 1 ¾ kg y de 14 cm de diámetro
- 1 receta de picadillo yucateco (*ver página 110*)
- 4 huevos cocidos rebanados
- 1 receta de kol para queso relleno (*ver página 137*)

- 1 receta de picadillo de jitomate (*ver página 138*)
- 1 receta de chiltomate (*ver página 135*)
- 2 cucharadas de manteca o aceite
- 2 cuadros grandes de hoja de plátano de 40 o 50 cm por lado
   agua suficiente para cocer el queso

Rendimiento: 6-12 porciones   Preparación: 1 ½ h   Cocción: 3 min   Costo: 3   Dificultad: 3
Material específico: 1 trozo de manta de cielo (para envolver el queso), hilo cáñamo

- Retire el papel celofán y la cera roja del queso. Del extremo superior (donde viene el sello) corte una rebanada de 3 centímetros de grueso con un cuchillo filoso, ésta será la tapa (que pesará 300 gramos aproximadamente).
- Haga agujeros dentro del queso cuidadosamente; quite poco a poco el centro, primero con un cuchillo corto curvo y posteriormente con una cuchara. Cuide de no cortar de más el interior. Al final, el queso debe quedar ahuecado, similar a un cascarón de huevo con un peso aproximado de ½ kilo. (Las paredes deben quedar de 1 centímetro de grosor aproximadamente; si fueran más delgadas, el queso se podría romper o deformar; si fueran muy gruesas, cabría poco relleno.)
- De igual forma quite un poco de la tapa del queso; debe quedar de 170 gramos aproximadamente.
- Al final obtendrá 1 kilo del queso extraído del interior. Resérvelo para otros usos, como en una sopa de queso o como botana.
- Deje orear el cascarón de queso durante varias horas e incluso días. Es preferible hacerlo con 2 días de anticipación. Sin embargo, en ocasiones el queso ya es muy añejo, por lo cual deberá sumergir el cascarón en agua durante 1 hora para que se ablande ligeramente. En conclusión el cascarón, sea nuevo o viejo, debe ser firme y algo duro pero no correoso.

- Rellene el queso hasta la mitad con un poco de picadillo yucateco (1 ½ tazas aproximadamente), presionando con una cuchara para que quede compacto.
- Coloque una capa de rebanadas de huevo cocido. Agregue encima más picadillo (1 taza aproximadamente). Rellene también la tapa con ½ taza de picadillo, presionando muy bien (así, al poner la tapa, el picadillo no caerá).
- Cierre el queso colocando la tapa (de la receta de picadillo yucateco le sobrarán como 5 tazas; resérvelas para servir posteriormente).
- Humedezca y exprima un trozo de manta de cielo y úntelo perfectamente con la manteca. Extiéndalo y coloque un trozo de hoja de plátano asado, lo suficientemente grande como para envolver el queso.
- Con una brocha o con la mano unte la manteca en la hoja de plátano y coloque el queso en el centro. Junte los cuatro extremos de la manta sobre el queso cubriéndolo totalmente con ésta. Ajuste la manta de cielo, apriétela dando vueltas y amarre con un hilo o con la misma manta todo el envoltorio para evitar que el queso se salga y se deforme.
- En una olla de 25 centímetros de diámetro y 16 de alto coloque suficiente agua (12 centímetros) para cocer el queso, asegurándose de que haya suficiente espacio en la olla para sumergir todo el queso y que el agua del interior no se derrame.

- Deje hervir a fuego muy bajo. Posteriormente, meta el queso cuidando que la superficie del agua no llegue a la oquedad del queso porque puede entrar al picadillo y aguadarlo.

- Sostenga el queso en el agua sin soltarlo por unos 3 minutos o hasta que éste se sienta suave. Debe tener cuidado de no cocerlo de más porque se puede derretir totalmente. Retire del fuego y deje reposar por unos 3 minutos antes de servir. Para muchos, este paso resulta un poco difícil, por lo que algunas personas lo meten en el horno de microondas por un par de minutos, el efecto es casi el mismo que el del procedimiento en agua.

- Para servir, tradicionalmente, el queso se rebana como si fuera pastel, dándole un pedazo a cada comensal. Cada uno se sirve a su gusto, encima o debajo de la carne y el queso, un poco de salsa kol, picadillo de jitomate, más picadillo de carne y chiltomate.

- Se puede acompañar con arroz blanco y tortillas de maíz.

CONSEJO

- Todas las familias en Yucatán saben que la carne del queso no es suficiente, por lo que se sirve por separado con las salsas, pues es costumbre repetir o hacer una segunda ronda.

Tatemado de puerco

INGREDIENTES

1 ½ kg de carne de cerdo (costillas y pierna)

8 chiles guajillos grandes

½ cucharadita de semillas de cilantro

2 tazas de agua

3 chiles anchos grandes limpios

¼ de taza de aceite

3 dientes de ajo grandes pelados

½ cucharadita de cominos

3 clavos de olor

½ cucharada de jengibre fresco picado finamente

½ cucharadita de pimienta negra

1 hoja de laurel (de Colima, de preferencia)

⅓ de taza de vinagre de tuba o vinagre blanco

4 cucharaditas de sal (o al gusto)

3 cebollas de rabo

¼ de cucharadita de nuez moscada recién molida

Guarniciones

hojas de lechuga orejona

6 rabanitos cortados en cuartos

chiles o frutas en vinagre

frijoles refritos (ver página 46)

1 cebolla blanca chica, rebanada

Rendimiento: 6 porciones   **Preparación: 15 min**   **Cocción: 1 h 30 min**   **Costo: 2**   **Dificultad: 2**

PROCEDIMIENTO

- Precaliente el horno a 180 °C. Limpie los chiles guajillos, deseche los rabos y las venas, y reserve las semillas.
- Tueste las semillas de los chiles con las de cilantro, muélalas y reserve.
- Cueza los chiles en el agua durante 5 minutos hasta que estén muy suaves. Reserve.
- Caliente el aceite y fría ligeramente por ambos lados los chiles anchos. Las semillas de éstos no se usan porque son muy fuertes. Deseche el aceite sobrante.
- Muela ambos chiles con su agua de cocción, las semillas, los ajos, el comino, los clavos, el jengibre, la pimienta, el laurel y el vinagre.

Añada 2 tazas de agua para obtener un licuado muy terso. Cuele, pruebe y ajuste de sal.

- Coloque en un refractario la carne y sale al gusto. Báñela con el preparado de chiles y mezcle bien (debe haber suficiente salsa de tal forma que la carne esté totalmente sumergida en ella). Tape y hornee por 1 hora a 180 °C o hasta que la carne esté suave. Destape y hornee 15 minutos más para que la superficie se dore ligeramente.
- Limpie las cebollas quitándoles los rabos, colóquelas encima de la carne y espolvoree con la nuez moscada. Hornee durante 5 minutos más. El guiso debe estar consistente, pero caldoso.
- Sirva bien caliente en platos hondos, adornados con las guarniciones.

CONSEJO

- También se puede hacer sobre el fuego directo de la estufa en lugar de hornear. Con cualquiera de las dos técnicas de cocción probablemente tendrá que añadir más agua; no debe quedar totalmente seco.

Picadillo yucateco

2 cucharadas de recado de especia (*ver página 138*)

2 cucharadas de jugo de naranja agria o sustituto (*ver página 137*)

2 kg de carne de cerdo molida

4 ℓ de agua

1 ¼ tazas de manteca de cerdo

2 tazas de cebolla blanca picada

4 cucharaditas de ajo picado finamente

4 chiles dulces o 2 pimientos verdes picados

2 chiles xcatik sin semillas ni venas y picados

1 ⅓ tazas de aceitunas sin hueso partidas a la mitad

⅓ de taza de alcaparras enteras, drenadas y enjuagadas

⅔ de taza de pasitas

3 kg de jitomates pelados, sin semillas y cortados en cubitos

sal al gusto

Preparación: 10 min   Cocción: 30 min   Costo: 2   Dificultad: 1

- Diluya el recado de especia en el jugo de naranja agria y mézclelo con la carne.
- En una olla grande coloque la carne y el agua a fuego alto, tape y deje hervir; baje a fuego medio y deje cocinar durante 10 minutos o hasta que la carne esté cocida (ésta tiende a hacerse una masa, es normal). Deje enfriar y cuele. Reserve por separado la carne y el caldo (este último para hacer la salsa kol para queso relleno (*ver página 137*).
- Caliente 4 cucharadas de manteca a fuego alto hasta que humee un poco; saltee la cebolla y el ajo, añada los chiles y deje que estos ingredientes se cuezan ligeramente. Agregue las aceitunas, las alcaparras y las pasitas; sale al gusto y retire del fuego. Reserve.
- En otra olla caliente ⅔ de taza de manteca hasta que humee; añada el jitomate y deje que se cueza. Agregue la mezcla de cebolla y chiles, deje cocinar durante un par de minutos más, retire del fuego y reserve.
- Por separado, caliente ½ taza de manteca hasta que humee un poco. Añada la carne cocida que reservó para que se fría y se dore, asegurándose de romper las bolas que se formen durante la cocción.
- Agregue la mezcla de los jitomates y combine todo para que los ingredientes queden bien incorporados. Pruebe para saber si tiene la cantidad adecuada de sal, deje cocinar durante 5 minutos más, retire del fuego y reserve.

Pozole blanco

750 g de maíz cacahuacintle para pozole

3 ℓ de agua

½ cabeza de ajos

½ cebolla

hierbas de olor

2 kg de carne de cerdo (maciza y cabeza) cortada en trozos

sal al gusto

Guarniciones

cebolla picada

limón

rábanos picados

orégano seco

lechuga rebanada finamente

chile piquín en polvo

tostadas de maíz

Rendimiento: 6 porciones **Cocción: 3 h** **Preparación: 30 min** **Costo: 2** **Dificultad: 2**

- Hierva el maíz en el agua con los ajos, la cebolla y las hierbas de olor hasta que reviente.
- Agregue la carne y la sal. Deje cocinar a fuego bajo hasta que la carne esté suave.
- Retire la carne y córtela en trozos pequeños desechando los huesos; reserve por separado la maciza y la cabeza.
- Sirva con el tipo de carne solicitado por el comensal. Acompañe con las guarniciones.

Carne claveteada

INGREDIENTES

1 ½ kg de carne de res (palomilla, pulpa negra o lomo)

200 g de chile ancho sin rabos, semillas ni venas

1 ½ ℓ de agua + 3 tazas

1 taza de cebolla blanca picada grueso

8 dientes de ajo grandes pelados

¼ de cucharadita de comino

¼ de cucharadita de clavo recién molido

2 cucharadas de orégano seco

½ cucharadita de canela recién molida

1 ½ cucharaditas de sal

¼ de taza de vinagre blanco

1 rebanada gruesa de jamón tipo york (50 g aproximadamente)

50 g de tocino en rebanadas delgadas y doradas

⅓ de taza de alcaparras enteras

⅓ de taza de aceitunas verdes sin hueso

1 zanahoria chica pelada

½ taza de pasitas enteras

¼ de taza de almendras enteras y peladas

1 barra de mantequilla sin sal de 90 g

2 cucharadas de aceite de maíz

Guarnición

arroz blanco (*ver página 22*)

Rendimiento: 6 a 8 porciones   **Preparación: 25 min**   **Cocción: 3 h 15 min**   **Costo: 2**   **Dificultad: 2**

PROCEDIMIENTO

- Precaliente el horno a 180 °C. Ponga a hervir los chiles en el agua, durante 5 minutos o hasta que estén muy suaves, pero sin desbaratarse. Tire el agua de cocción, enjuáguelos con agua fría, cuele y licúelos con la cebolla, los ajos, el comino, el clavo, el orégano, la canela, la sal, el vinagre y 2 tazas de agua hasta obtener una salsa muy tersa; cuele. Vuelva a moler el bagazo de chile con otra taza de agua, cuele y deseche cualquier sobrante. Junte los dos molidos de chile y reserve.

- Corte el jamón en tiras de ½ centímetro de grosor y después en trozos de 2 centímetros. Corte el tocino en trozos de 2 centímetros de largo y la zanahoria en tiras largas, procurando que queden de ½ centímetro de grosor. Reserve.

- Con un cuchillo delgado haga varios huecos en la carne de 5 centímetros de profundidad aproximadamente; asegúrese de que pueda meter el dedo fácilmente. Coloque dentro de cada uno unas cuantas pasitas. Repita este paso con cada uno de los demás ingredientes (almendras, tocino, jamón, alcaparras, aceitunas y zanahoria).

- En una olla donde quepa la carne, caliente la mantequilla y el aceite hasta que humeen ligeramente; dore bien la carne por todos lados. Vierta encima la salsa, tape la olla y hornee durante 1 hora.

- Corte la carne cuidadosamente en 6 u 8 porciones. Regrésela a la salsa y vuélvala a hornear por 2 horas más, o hasta que esté totalmente suave. De vez en cuando abra el horno y báñela con la salsa, esta última se irá espesando (si lo requiere, añada un poco más de agua durante la cocción).

- Sirva un trozo de carne con bastante salsa y acompañe con arroz blanco.

Adobo de cerdo huasteco

Ingredientes

- 2 kg de carne de cerdo en trozos (costilla o falda)
- 1 cebolla blanca partida en 4 partes
- 1 cabeza de ajos partida por mitad
- 4 ℓ de agua
- 6 cucharaditas de sal
- 16 chiles guajillos grandes
- 3 chiles anchos grandes
- 3 jitomates grandes asados
- ½ cebolla blanca asada
- 15 dientes de ajo grandes, pelados

- 2 cucharaditas de comino
- 1 cucharadita de orégano seco
- ½ cucharadita de pimienta negra
- 4 clavos
- 3 cucharadas de manteca o aceite de maíz
- ½ taza de vinagre blanco

Guarniciones

- tortillas de maíz
- frijoles negros de la olla (*ver página 42*) o arroz blanco (*ver página 22*)

Rendimiento: 12 porciones **Preparación: 15 min** **Cocción: 2 h** **Costo: 2** **Dificultad: 2**

Procedimiento

- Precaliente el horno a 180 °C. Coloque en una olla grande la carne de cerdo, la cebolla y la cabeza de ajos; cubra con el agua, añada 4 cucharaditas de sal y hierva hasta que la carne esté cocida y algo suave. Separe el caldo de la carne, cuele y reserve ambos por separado.
- Mientras se cuece la carne, limpie los chiles, retire las semillas y deséchelas, áselos ligeramente en el comal y remójelos en 4 tazas de caldo caliente de la cocción de la carne.
- Licue los jitomates, la cebolla y los ajos hasta obtener una salsa muy tersa, cuele y reserve. Licue los chiles ya remojados con suficiente caldo de la carne; reserve. Ambos molidos deben quedar muy tersos.
- Muela en un molino de especias o en un molcajete el comino, el orégano, la pimienta y el clavo, hasta hacerlos polvo. Reserve.

- En una cazuela u olla de fondo grueso caliente a fuego alto la manteca o aceite hasta que humee ligeramente, agregue el molido de chiles, fría y deje que se reduzca durante 15 minutos aproximadamente. Añada el molido de jitomates, las especias molidas y 2 cucharaditas de sal. Cuando hierva, baje el fuego y deje reducir la salsa un poco.
- Añada la carne, el vinagre y 3 tazas del caldo de la carne. Verifique la sazón, retire del fuego y hornee durante 1 hora o cocine sobre la estufa a fuego muy bajo durante 45 minutos. Tape la olla si la salsa está muy espesa. La consistencia final debe ser espesa, de tal manera que cubra la carne sin que se resbale fácilmente.
- Sirva los trozos de carne con bastante salsa de adobo y acompañe con las guarniciones.

Cebolla curada en jugo de limón

Rendimiento: 6 porciones	Preparación: 5 min	Costo: 1	Dificultad: 1

2 tazas de cebolla rebanada

1 ½ cucharaditas de sal (o al gusto)

¼ de taza de jugo de limón

- Mezcle la cebolla con la sal, y con la punta de los dedos presione muy suavemente el preparado para que la sal penetre y suavice la cebolla. Añada el jugo de limón, vuelva a mezclar y deje reposar durante ½ hora. Sirva a temperatura ambiente.

CONSEJO

- Se puede preparar con 2 días de antelación.

Rajas de chile poblano / con limón

Rendimiento: 6 porciones	Preparación (de chile poblano): 10 min	Preparación (con limón): 5 min
Cocción: 5 min	Costo: 1	Dificultad: 1

Rajas de chile poblano

6 chiles poblanos limpios (*ver página 136*)

3 cucharadas de aceite de oliva o de maíz

½ cucharadita de ajo picado finamente

sal al gusto

- Corte los chiles a lo largo en tiras delgadas de ½ centímetro de grosor aproximadamente.
- En un sartén grande caliente el aceite de oliva a fuego alto; fría brevemente el ajo y añada de inmediato las rajas de chile poblano; fría todo.
- Sale al gusto. Retire del fuego y sirva.

Rajas de chile poblano con limón

6 chiles poblanos limpios (*ver página 136*)

3 cucharadas de jugo de limón

2 o 3 cucharaditas de sal (o al gusto)

- Corte los chiles a lo largo en tiras delgadas de ½ centímetro de grosor aproximadamente.
- En un tazón mezcle todos los ingredientes; pruebe y ajuste de sal. Sirva a temperatura ambiente.

Salsa mexicana

XXV

| Rendimiento: 2 ¼ tazas | Preparación: 5 min | Costo: 1 | Dificultad: 1 |

½ kg de jitomates maduros y picados con semillas y piel

½ taza de cebolla blanca picada finamente

⅓ de taza de cilantro picado finamente

1 ½ cucharadas de chile serrano verde picado finamente

1 ½ cucharaditas de sal (o al gusto)

1 cucharada de jugo de limón (opcional)

- En un tazón mezcle los jitomates, la cebolla, el cilantro, el chile y la sal. Pruebe y ajuste de sal.
- En caso de que utilice el jugo de limón, añádalo y vuelva a mezclar todo muy bien, pruebe y ajuste nuevamente de sal. Sirva a temperatura ambiente en una salsera.

CONSEJO

- Los jitomates deberán soltar algo de jugo después de ½ hora; mezcle la salsa justo antes de servir; no añada agua.

INGREDIENTES Y PROCEDIMIENTO

Salsa de chile de árbol

Rendimiento: 1 ¾ tazas   **Preparación: 10 min**   **Costo: 1**   **Dificultad: 1**

INGREDIENTES Y PROCEDIMIENTO

10 chiles de árbol secos, asados y sin rabos

3 dientes de ajo grandes pelados

1 cucharadita de sal (o al gusto)

2 chiles guajillos grandes asados, sin rabos, semillas ni venas

300 g de tomates verdes sin cáscara, bien asados

⅓ de taza de agua

- Remoje los chiles en agua durante 20 minutos para que se hidraten y sea más fácil molerlos.

Versión en licuadora

- Licue todos los ingredientes durante 2 minutos o hasta obtener una salsa tersa. Pruebe y ajuste de sal. Sirva en una salsera a temperatura ambiente.

Versión en molcajete

- Coloque los chiles, los ajos y la sal dentro del molcajete. Con el tejolote machaque hasta obtener un puré. Añada los tomates y muela hasta lograr que queden martajados; añada el agua, mezcle, pruebe y ajuste de sal.
- Sirva en el mismo molcajete.

Salsa de chiles chipotles adobados

Rendimiento: 3 ½ tazas **Preparación: 5 min** **Cocción: 15 min** **Costo: 1** **Dificultad: 1**

250 g de jitomates maduros asados

3 chiles guajillos asados, sin rabos, semillas ni venas

3 dientes de ajo grandes asados

1 cuarterón de cebolla blanca bien asada

2 cucharadas de azúcar

1 cucharadita de orégano

2 tazas de agua

½ cucharadita de sal (o al gusto)

6 chiles chipotles adobados

- En una olla pequeña coloque los jitomates, los chiles guajillos, los ajos, la cebolla, el azúcar, el orégano, el agua y la sal; tape y cueza durante 15 minutos. Retire del fuego y deje enfriar.
- Licue todos los ingredientes con los chiles chipotles adobados hasta obtener una salsa tersa que no sea necesario colar. Pruebe y ajuste de sal.
- Sirva en una salsera a temperatura ambiente.

Salsa borracha clásica

Rendimiento: 6 porciones **Preparación: 5 min** **Cocción: 5 min** **Costo: 1** **Dificultad: 1**

½ taza de pulque blanco natural o cerveza clara

½ taza de jugo de naranja

4 chiles pasilla grandes, sin rabos, semillas, ni venas y asados

¼ de taza de cebolla blanca picada

1 diente de ajo grande, asado con su piel y luego pelado

¾ de cucharadita de sal (o al gusto)

¼ de taza de agua

100 g de queso añejo en tiras (opcional)

1 aguacate chico rebanado (opcional)

- En una olla pequeña caliente a fuego medio el pulque y el jugo de naranja. Rompa los chiles lo más que pueda con las manos y agréguelos al pulque; tape y cueza por unos 10 minutos o hasta que los chiles estén suaves. Retire del fuego y deje enfriar.
- Licue los chiles con todo y el líquido donde se cocieron, la cebolla, el ajo, la sal y el agua hasta obtener una salsa tersa que no sea necesario colar. Pruebe y ajuste de sal. Sirva a temperatura ambiente en una salsera y adorne la superficie de la salsa con las tiras de queso y el aguacate.

Salsa ranchera

Rendimiento: 2 ½ tazas   **Preparación: 5 min**   **Costo: 1**   **Dificultad: 1**

INGREDIENTES Y PROCEDIMIENTO

- ½ kg de jitomate maduro asado
- 2 chiles serranos verdes grandes asados
- ½ cuarterón de cebolla blanca asada
- 2 dientes de ajo medianos, pelados y asados
- ¾ de cucharadita de sal (o al gusto)

- Pique un poco los jitomates, los chiles, la cebolla y los ajos. Licue todo por 5 segundos o hasta que todos los ingredientes queden sólo martajados; la textura de esta salsa no es totalmente licuada ni uniforme; el molido debe ser rústico, por esto es llamada "ranchera".
- Vierta el contenido en una salsera, pruebe y ajuste de sal. Sirva caliente o a temperatura ambiente.

Salsa roja de jitomate

Rendimiento: 2 tazas　**Preparación: 5 min**　**Cocción: 25 min**　**Costo: 1**　**Dificultad: 1**

1 ℓ de agua

½ kg de jitomates maduros

2 chiles serranos verdes frescos grandes

¼ de taza de cebolla blanca picada

2 dientes de ajo chicos pelados

2 cucharadas de aceite de maíz o de cártamo

¾ de cucharadita de sal (o al gusto)

- En una olla pequeña caliente el agua a fuego alto; cuando hierva a borbotones añada los jitomates, los chiles, la cebolla y los ajos; cueza durante 10 minutos o hasta que los jitomates estén bien cocidos, pero no deshaciéndose. Retire del fuego, cuele, reserve el agua y los sólidos por separado, deje enfriar.
- Licue los jitomates troceados, los chiles, la cebolla y los ajos a velocidad alta por 30 segundos o hasta que la salsa quede muy tersa, de manera que al colarla no quede bagazo; deseche cualquier residuo y semillas que pudieran quedar en el colador y reserve.
- En una olla pequeña caliente a fuego medio el aceite; vierta la salsa para que se fría, mezcle y espere a que hierva; baje el fuego, añada la sal y ⅓ de taza de agua de la cocción de los jitomates. Deje que retome el hervor y cueza durante 10 minutos más, moviendo de vez en cuando. Apague y retire del fuego.
- Sirva caliente o a temperatura ambiente en una salsera.

INGREDIENTES Y PROCEDIMIENTO

Salsa verde cocida

xxvii

Rendimiento: 2 ¼ tazas   **Preparación: 5 min**   **Cocción: 10 min**   **Costo: 1**   **Dificultad: 1**

INGREDIENTES Y PROCEDIMIENTO

1 ℓ de agua

3 chiles serranos verdes frescos

½ kg de tomates verdes pelados (12 tomates aproximadamente)

¼ de taza de cebolla blanca picada

1 cucharadita de ajo picado finamente

¼ de taza de cilantro fresco picado

1 ¼ cucharaditas de sal (o al gusto)

- En una olla pequeña con tapa, caliente el agua a fuego alto. Cuando hierva a borbotones añada los chiles, tape y déjelos cocer por 5 minutos. Agregue los tomates, vuelva a tapar y cueza por 5 minutos más o hasta que los tomates estén bien cocidos pero no deshechos. Apague, cuele, deseche el agua y deje enfriar los chiles y tomates por 15 minutos para poder licuarlos.
- Licue los chiles y los tomates hasta obtener una salsa tersa; vierta el molido en un tazón y mezcle junto con los demás ingredientes crudos. Pruebe y ajuste de sal.
- Sirva a temperatura ambiente.

Salsa verde cruda

Rendimiento: 2 tazas   **Preparación: 5 min**   **Costo: 1**   **Dificultad: 1**

½ kg de tomates verdes sin cáscara y partidos en 4 partes (12 tomates aproximadamente)

3 chiles serranos verdes frescos, troceados

¼ de taza de cebolla blanca picada finamente

½ cucharadita de ajo picado finamente

¼ de taza de cilantro fresco picado en grueso

1 ½ cucharaditas de sal (o al gusto)

- Licue los tomates con los chiles, sin agua, durante 20 segundos o hasta obtener una salsa tersa. Pare la licuadora, añada la cebolla, el ajo, el cilantro y la sal; vuelva a licuar por 5 segundos más. Pruebe y ajuste de sal.
- Sirva en una salsera a temperatura ambiente.

CONSEJO

- Para hacer otra variante de esta salsa, se puede añadir al final la pulpa de un aguacate de 250 gramos aproximadamente, cortado en cubos pequeños.

INGREDIENTES Y PROCEDIMIENTO

Salsa ixnipek

Rendimiento: 1 ½ tazas   **Preparación: 5 min**   **Reposo: 30 min**   **Costo: 1**   **Dificultad: 1**

1 taza de jitomate maduro, cortado en cubitos de ½ cm

¼ de taza de cebolla morada picada finamente

2 cucharadas de cilantro, ligeramente apretado, picado finamente

½ chile habanero sin rabo, semillas ni venas, picado finamente

3 cucharadas de jugo de naranja agria o sustituto (*ver página 137*) o jugo de limón

¾ de cucharadita de sal (o al gusto)

- En un tazón de acero inoxidable, peltre o vidrio mezcle todos los ingredientes hasta que se incorporen bien. Deje reposar durante 30 minutos en refrigeración.
- Justo antes de servir, vuelva a mezclar todo para que los jugos del fondo se reincorporen. Pruebe, ajuste de sal y sirva en una salsera a temperatura ambiente.

Salsa tamulada de chile habanero

Rendimiento: 6 porciones   **Preparación: 5 min**   **Costo: 1**   **Dificultad: 1**

2 chiles habaneros naturales o asados

1 cucharadita de sal (o al gusto)

½ taza de jugo de naranja agria o sustituto (*ver página 137*) o jugo de limón

- Trocee los chiles, colóquelos con todo y semillas en un molcajete o tamul junto con la sal y macháquelos hasta que estén bien martajados, pero no molidos. Añada el jugo de naranja agria o de limón y mezcle con una cuchara hasta que todos los ingredientes queden incorporados. Pruebe y ajuste de sal.
- Transfiera la salsa a un platito hondo o salsera pequeña. No deje la salsa en el molcajete porque éste absorbe el jugo de naranja.

INGREDIENTES Y PROCEDIMIENTO

Cebolla en escabeche de Yucatán

Rendimiento: 6 porciones   **Preparación: 15 min**   **Costo: 1**   **Dificultad: 1**

1 kg de cebolla blanca rebanada finamente

6 hojas de orégano seco yucateco

2 tazas de vinagre blanco de caña o de manzana

2 tazas de agua

2 cucharadas de sal

10 pimientas negras enteras

5 clavos enteros

5 pimientas gordas enteras

3 chiles xcatik asados sin pelar y enteros (*ver página 136*)

18 dientes de ajos grandes asados con su piel y pelados

- En un sartén pequeño tueste ligeramente a fuego bajo las hojas de orégano (no importa que se quiebren o desbaraten); retire del fuego y reserve.

- Caliente suficiente agua para cocer las cebollas; cuando hierva a borbotones, apague el fuego, añada la cebolla y deje reposar por 3 minutos, deseche el agua y transfiera las cebollas a un recipiente con hielos para detener su cocción. Cuando estén a temperatura ambiente o frías, cuélelas y deseche el agua y el hielo.

- En un tazón de cristal grande mezcle el vinagre, el agua y la sal hasta que ésta se haya diluido totalmente. Agregue las cebollas con todos los demás ingredientes, incorpore, pruebe y ajuste la sal.

- Vierta el preparado en un frasco; todos los ingredientes deben estar sumergidos en el vinagre (si faltara líquido añada un poco de agua). Tape herméticamente y guarde en refrigeración hasta que lo utilice.

CONSEJO

- Lo ideal es hacer estas cebollas 2 días antes, por lo menos.

INGREDIENTES Y PROCEDIMIENTO

Arroz con leche

1 ½ tazas de arroz

2 tazas de agua

2 ℓ de leche

1 raja de canela de 10 cm

    la cáscara de 1 limón o de 1 naranja

¼ de cucharadita de sal

1 taza de azúcar

¼ de taza de pasitas

2 cucharaditas de esencia de vainilla

    canela en polvo para decorar (opcional)

Rendimiento: 8 porciones   **Preparación: 5 min**   **Cocción: 1 h**   **Costo: 1**   **Dificultad: 2**

- Cueza el arroz en el agua y la leche con la canela, la cáscara de limón o de naranja y la sal. En cuanto hierva baje el fuego, agregue el azúcar y mueva de vez en cuando para evitar que se pegue y asegurarse de que esté espesando; cuide de no batir el arroz. Deje sobre el fuego hasta que el arroz esté totalmente cocido y la leche se haya evaporado casi por completo.
- Añada las pasitas y la vainilla; cueza durante 5 minutos más. Retire del fuego y deje enfriar. Al servir, deseche la cáscara del limón o naranja y la canela.
- Sirva en porciones individuales o en un platón espolvoreado con canela (opcional).

Capirotada

INGREDIENTES

Jarabe de piloncillo

- 2 ℓ de agua
- 2 piloncillos en trozos (225 g cada uno)
- 20 cm de canela en rama
- 1 taza de pasitas negras

Pan

- 16 rebanadas de bolillo de 1 cm de grosor
- 2 tazas de aceite de maíz

Ensamble

- ⅓ de taza de cacahuates pelados y tostados
- 50 g de queso Cotija o añejo desmoronado

Rendimiento: 9 porciones   **Preparación: 25 min**   **Cocción: 1 h 45 min**   **Costo: 1**   **Dificultad: 1**

PROCEDIMIENTO

Jarabe de piloncillo

- Caliente en una olla el agua con el piloncillo y la canela; hierva a fuego bajo por 25 minutos, moviendo de vez en cuando para asegurarse de que el piloncillo se deshaga. Incorpore las pasitas y retire del fuego. Mantenga caliente.

Pan

- Caliente en un sartén un poco del aceite y fría las rebanadas de pan por ambos lados; añada poco a poco más aceite conforme vaya friendo las demás rebanadas. Colóquelas sobre servilletas de papel para retirar el exceso de aceite; reserve.

Ensamble

- Precaliente el horno a 180 °C. En un molde cuadrado de 20 centímetros por lado aproximadamente, haga una cama o capa de pan, bañe con el jarabe toda la superficie y coloque encima los cacahuates y las pasitas. Repita este paso hasta lograr 2 o 3 capas más de pan (utilice todos los cacahuates y las pasitas).

- Finalmente, espolvoree el queso en la superficie. Cubra con papel aluminio y hornee durante 1 hora. A mitad del horneado, revise y añada más jarabe, asegurándose de que todo el pan esté bien empapado (debe utilizar todo el jarabe). Sirva caliente, tibia o fría.

Flan tradicional

INGREDIENTES

Caramelo

¾ de taza de azúcar

Flan

1 ℓ de leche

½ taza de azúcar

¼ de cucharadita de sal

4 huevos

6 yemas

1 cucharada de esencia de vainilla

8 cerezas para decorar (opcional)

Rendimiento: 8 porciones   **Preparación: 25 min**   **Cocción: 3 h**   **Costo: 1**   **Dificultad: 2**

PROCEDIMIENTO

Caramelo

- Caliente el azúcar en un sartén a fuego bajo; mueva de vez en cuando y espere a que se derrita y se oscurezca. (El grado de cocción del caramelo depende del gusto personal; se debe poner especial atención cuando alcanza el tono ámbar, pues a partir de este punto es muy fácil que se queme o se oscurezca demasiado, por tanto, remuévalo constantemente.)

- Cuando el caramelo haya alcanzado el color y la concentración deseada, viértalo inmediatamente sobre el molde donde hará el flan; extiéndalo por todo el fondo y, si es posible, cubra las paredes. No olvide sujetar el molde con una toalla o con un guante de cocina, porque se calienta rápidamente con el calor del caramelo. Reserve.

Flan

- Precaliente el horno a 180 °C. Caliente la leche con el azúcar y la sal; deje hervir a fuego lento y, cuando la leche haya reducido la ¼ parte de su volumen original, retire del fuego.

- Bata enérgicamente en un tazón los huevos, las yemas y la vainilla. Añada, sin dejar de batir, 1 taza de la leche con azúcar y mezcle bien; vierta poco a poco la leche restante (si la vierte de manera rápida, el calor de ésta cocerá el huevo).

- Vierta la mezcla sobre el molde con el caramelo, tape lo más herméticco posible con papel aluminio y hornee en baño María por 2 ½ horas.

- Deje enfriar y desmolde. Decore con las cerezas y sirva frío o a temperatura ambiente.

Buñuelos

INGREDIENTES

270 g de harina de trigo

1 cucharadita de polvo para hornear

1 cucharada de mantequilla

1 huevo

1 cucharada de azúcar

½ cucharadita de sal

1 cucharadita de esencia de vainilla

⅔ de taza de agua tibia

2 tazas de aceite para freír

azúcar al gusto

Rendimiento: 10 porciones   Preparación: 20 min   Reposo: 30 min   Cocción: 20 min
Costo: 1   Dificultad: 2   Material específico: cazuela de fondo amplio

---

PROCEDIMIENTO

- Dentro de un tazón, coloque la harina y el polvo para hornear. Haga un hueco en el centro y vierta la mantequilla, el huevo, el azúcar, la sal y la esencia de vainilla. Mezcle agregando el agua tibia conforme sea necesario; al final debe obtener una masa uniforme y tersa.
- Cubra la masa con plástico autoadherible o un trapo húmedo y déjela reposar durante 30 minutos.
- Precaliente el aceite en una cazuela de fondo amplio.
- Coloque boca abajo una olla de barro o un tazón amplio y cubra la superficie con un trapo húmedo.

- Divida la masa en 10 porciones y extiéndalas con un rodillo sobre una superficie enharinada hasta alcanzar un diámetro de 15 centímetros aproximadamente.
- Coloque uno a uno los discos sobre la olla de barro o tazón con el trapo húmedo. Continúe extendiéndolos con las yemas de los dedos y dando vueltas de vez en cuando hasta obtener el grosor deseado, sin que se rompan.
- Fría cada buñuelo en el aceite caliente hasta que se doren. Póngalos sobre papel absorbente y espolvoréelos con el azúcar.

Caldo de pescado

Rendimiento: 3 ½ ℓ   **Preparación: 5 min**   **Cocción: 35 min**   **Costo: 1**   **Dificultad: 1**

2 kg de cabezas y retazos de pescado

4 ℓ de agua

1 cabeza de ajo partida por mitad

1 cebolla blanca cortada en cuarterones

4 ramas frondosas de perejil

1 taza de vino blanco seco (opcional)

1 cucharada de sal (o al gusto)

- Ponga en una olla grande todos los ingredientes y caliente a fuego alto; en cuanto hierva, baje el fuego a medio y continúe la cocción por 35 minutos, retirando la espuma de la superficie constantemente.
- Retire del fuego, deseche los trozos de pescado y cuele. Deje enfriar y cuele nuevamente.

Caldo de pollo

Rendimiento: 2 ½ ℓ   **Preparación: 5 min**   **Cocción: 35 min**   **Costo: 1**   **Dificultad: 1**

2 kg de rabadillas o retazo de pollo

3 ℓ de agua

½ cabeza de ajo partida por mitad

2 cuarterones de cebolla blanca

4 ramas frondosas de cilantro

sal al gusto

- Ponga en una olla grande todos los ingredientes y caliente a fuego alto; en cuanto hierva, baje a fuego medio. Continúe la cocción por 35 minutos, retirando la espuma de la superficie constantemente.
- Retire del fuego y permita que el pollo se enfríe en su propio caldo. Separe el pollo del caldo, reserve ambos por separado y deseche las cebollas y los ajos. Enfríe el caldo para retirar la grasa y colarlo.

Capeado

Rendimiento: 25 chiles grandes   **Preparación: 25 min**   **Cocción: 35 min**   **Costo: 1**   **Dificultad: 2**

12 huevos, separadas las claras de las yemas

2 cucharaditas de sal

¼ de taza de harina de trigo

1 taza de harina para revolcar los chiles

2 tazas de aceite de maíz

- Bata las claras hasta que formen picos suaves; añada las yemas, la sal y el ¼ de taza de harina. Bata hasta que todos los ingredientes estén incorporados. (Es recomendable hacer el capeado en tandas, sobre todo si se tiene poca experiencia.)

- Revuelque los chiles en la harina y quíteles el exceso golpeándolos suavemente con la mano.
- Caliente el aceite en un sartén amplio hasta que humee ligeramente.
- Sumerja 1 chile en el capeado y fríalo; mientras se dora la parte de abajo, con la ayuda de una pala o espátula bañe la de arriba con el aceite caliente para que también se dore y no sea necesario voltearlo. Si no tiene experiencia, voltee el chile.
- Coloque el chile sobre papel absorbente para eliminar el exceso de grasa.
- Repita los dos últimos pasos con todos los chiles.

Chiltomate

Rendimiento: 3 tazas   **Preparación: 5 min**   **Cocción: 25 min**   **Costo: 1**   **Dificultad: 1**

1 kg de jitomate bola maduro asado (4 jitomates aproximadamente)

¼ de taza de cebolla blanca picada finamente

1 chile habanero entero tatemado, casi chamuscado

¼ de cucharadita de sal (o al gusto)

- Retire la piel quemada de los jitomates, trocéelos y lícuelos con la cebolla por 5 segundos hasta obtener una salsa con cierta textura.
- En una olla ponga el jitomate molido a fuego medio, añada la sal, mezcle y cueza por 15 minutos; agregue el chile habanero entero, cuidando que éste no se rompa porque la salsa quedaría picosa y no debe serlo.
- Añada 1 taza de agua y continúe la cocción durante 10 minutos más o hasta que la salsa reduzca y esté algo espesa. Retire del fuego.
- Sirva la salsa con el chile habanero dentro, cuidando que no se rompa.

Chile poblano
(preparación y limpieza)

Rendimiento: 1 chile	Preparación: 5 min	Reposo: 15 min	Costo: 1	Dificultad: 1

1 chile poblano

1 bolsa de plástico

- Coloque el chile sobre el quemador de la estufa dándole vueltas con unas pinzas hasta que se ase, la piel se ampolle y se queme ligeramente (la piel se pondrá primero blanca y después café; este mismo paso puede hacerse sobre un comal, sobre las brasas de carbón o sobre leña).
- Meta inmediatamente el chile en una bolsa de plástico, cierre y deje reposar por 15 minutos (para que sude y la piel se desprenda más fácilmente).
- Retire la piel del chile; no lo pellizque porque se rompe. Si lo va a capear no importa que queden pequeñas áreas sin pelar, si no, habrá que regresarlos al fuego para quemar las partes de piel que aún estén adheridas.
- Si lo va a rellenar continúe con los pasos siguientes. Si lo va a utilizar de otra forma (como en rajas), ábralo, retire las semillas, las venas y el rabo, y siga el procedimiento de la receta correspondiente.
- Coloque el chile sobre una tabla de picar cuidando que el rabo quede hacia arriba. Con la punta de un cuchillo córtelo a lo largo de arriba hacia abajo, procure dejar 2 centímetros sin recortar en la parte de arriba y por lo menos 1 centímetro en la parte de abajo; si el corte va desde un extremo hasta el otro, será difícil rellenarlo o cerrarlo.
- Retire todas las semillas y las venas con los dedos, pero si su piel es demasiado sensible es conveniente usar guantes de hule. (En este paso los chiles se rompen más fácilmente, así que se recomienda asar y pelar unos cuantos chiles extra.)
- Limpie el interior del chile con una servilleta húmeda; revise y asegúrese de que la parte pegada al tallo esté totalmente limpia porque pueden haber quedado algunas venas y semillas que hacen que el chile sea más picoso. Muchas personas prefieren retirar las semillas al chorro de agua fría porque resulta más fácil, pero esto hace que el chile pierda un poco de sabor. Si lo va a hacer con agua, séquelo con una servilleta o escúrralo muy bien después de haberlo limpiado.
- Procure pelar y limpiar el chile nuevamente antes de rellenarlo y capearlo, ya que si se hace con mucha anticipación tiende a reblandecerse, pierde textura y su buena apariencia.

CONSEJO

- Esta misma técnica se puede realizar con otros chiles como los de agua de Oaxaca, los perones, los jalapeños, los xcatik, etcétera.

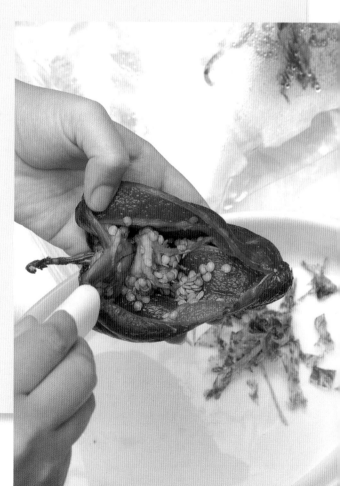

INGREDIENTES Y PROCEDIMIENTO

Jugo de naranja agria (sustituto)

xxx

Rendimiento: 4 ¼ cdas. Preparación: 1 min Costo: 1 Dificultad: 1

2 cucharadas de jugo de naranja dulce

2 cucharadas de jugo de limón agrio

¼ de cucharadita de vinagre blanco

- Mezcle todos los ingredientes y utilícelos como si fuera jugo de naranja agria.

Kol para queso relleno

xxxi

Rendimiento: 1 ½ ℓ Preparación: 5 min Cocción: 25 min Costo: 1 Dificultad: 1

el caldo de la carne del picadillo yucateco (*ver página 110*)

½ g de azafrán

½ taza de manteca de cerdo o aceite de maíz

1 taza de harina de trigo

sal al gusto

- Caliente el caldo y déjelo reducir hasta que obtenga 2 litros; manténgalo caliente. Pique ligeramente el azafrán y remójelo en 2 cucharadas de agua caliente; reserve.
- En un sartén hondo mezcle la manteca con la harina y póngalo sobre el fuego para que se incorpore y se fría ligeramente (no debe dorarse). Añada poco a poco el caldo caliente sin dejar de mover. Añada el azafrán, baje el fuego, verifique la sal y deje reducir. Al final deberá obtener una especie de atole o salsa espesa.
- Reserve caliente para servir el queso relleno.

Picadillo de jitomate

Rendimiento: 4 tazas   Preparación: 10 min   Cocción: 10 min   Costo: 1   Dificultad: 1

INGREDIENTES Y PROCEDIMIENTO

- 2 cucharadas de manteca + ¼ de taza
- ½ taza de cebolla blanca picada
- 2 chiles dulces o 1 pimiento morrón picado, sin semillas ni venas
- 1 chile xcatik picado sin semillas ni venas
- 2 cucharadas de alcaparras enteras
- ¼ de taza de aceitunas picadas
- 3 cucharadas de pasitas
  sal al gusto
- 1 kg de jitomate sin semillas, pelado y cortado en cubos pequeños

- Caliente las 2 cucharadas de manteca a fuego alto hasta que humee ligeramente; añada la cebolla y deje freír. Agregue los chiles dulces y el chile xcatik, mezcle y deje cocer durante unos minutos. Añada las aceitunas, las alcaparras y las pasitas; vuelva a mezclar, agregue sal, retire del fuego y reserve.
- En una olla amplia caliente el ¼ de taza de manteca hasta que humee ligeramente; añada el jitomate para que se cueza; cuando empiece a hervir baje el fuego, deje cocinar por unos instantes más y retire. Reserve caliente o a temperatura ambiente hasta el momento de utilizarlo.

CONSEJO

- Este preparado puede hacerse con antelación. Sólo se utiliza para el queso relleno.

Recado de especia

Preparación: 5 min   Costo: 1   Dificultad: 1

INGREDIENTES Y PROCEDIMIENTO

- 1 cucharadita de pimienta negra entera
- 3 cm de canela en rama
- 3 clavos
- 3 dientes de ajo
- ½ cucharada de orégano (yucateco, de preferencia)
- ½ g de azafrán

- En un molcajete machaque todos los ingredientes hasta que queden bien molidos e incorporados. Reserve.

CONSEJO

- Aunque este recado se puede hacer previamente, no es recomendable prepararlo con más de 3 días de anticipación, ya que el ajo adquiere un sabor más fuerte.

Recado de toda clase

Preparación: 5 min   Costo: 1   Dificultad: 1

2 cucharadas de pimienta negra

¼ de taza de orégano yucateco asado ligeramente

6 clavos de olor

8 pimientas gordas

3 cm de canela en rama

½ cucharadita de comino

ajo picado

jugo de naranja agria o sustituto (*ver página 137*)

- Muela todas las especias hasta que queden hechas polvo; obtendrá casi 1 taza.
- Al momento de utilizarlo, por cada cucharadita del polvo de especias agregue 1 cucharada de jugo de naranja agria y 1 cucharadita de ajo, moliendo todo hasta lograr una pasta suave.

C O N S E J O

- Puede guardar el polvo de especias para mezclarlo con los demás ingredientes cuando lo vaya a utilizar.

Tiritas de tortilla fritas

Rendimiento: 2 ¾ tazas   Preparación: 10 min   Cocción: 10 min   Costo: 1   Dificultad: 1

6 tortillas de maíz

aceite de maíz

- Con un cuchillo, corte las tortillas en tiras delgadas de ¼ de centímetro de grosor y de 3 de largo; extiéndalas en una charola para que se oreen y sequen un poco.
- Caliente el aceite y fría las tiritas hasta que queden ligeramente doradas. Retírelas y colóquelas sobre papel absorbente para absorber el exceso de aceite.

C O N S E J O

- El tamaño de estas tiritas puede variar dependiendo de las necesidades de la receta. En este libro, cuando se pidan tiritas se refieren a éstas. En el caso de que se pidan tiras, entonces se deben hacer de ½ centímetro de grueso a lo largo que toda la tortilla lo permita. La técnica para freír es la misma y puede hacerse hasta 2 días antes.

Totopitos

Preparación: 10 min   **Reposo: 2 h**   **Cocción: 20 min**   **Costo: 1**   **Dificultad: 1**

INGREDIENTES Y PROCEDIMIENTO

12 tortillas de maíz

1 ℓ de aceite

- Coloque las tortillas una sobre otra para hacer una pila uniforme. Córtelas en 4 y después corte cada triángulo en 3 partes; debe obtener 12 triángulos o totopitos de cada tortilla.
- Extienda los triángulos en una charola y déjelos orear por 2 horas.
- Caliente el aceite a fuego bajo por 10 minutos.
- Divida los triángulos en 4 porciones y fría cada una por separado. Tenga cuidado de que el aceite no esté demasiado caliente porque al contacto con las tortillas, éste hace espuma y puede desbordarse. Cada porción requiere entre 4 y 5 minutos para dorarse, dependiendo de la intensidad del fuego.
- Retire los totopitos dorados y escúrralos en una coladera o sobre toallas de papel para deshacerse del exceso de grasa.
- Mantenga los totopos en un lugar donde no se enfríen.

CONSEJO

- Es mejor hacer los totopitos justo en el momento en que se necesiten.

Índice de recetas

Adobo de cerdo huasteco	114
Aguachile	38
Arroz a la tumbada	82
Arroz blanco / rojo	22
Arroz con leche	126
Asado de res	94
Birria	96
Buñuelos	132
Caldo de hongos silvestres	26
Caldo de pescado	134
Caldo de pollo	134
Camarones al mojo de ajo	84
Capeado	135
Capirotada	128
Carne claveteada	112
Cebolla curada en jugo de limón	116
Cebolla en escabeche de Yucatán	125
Ceviche blanco	34
Ceviche de sierra y camarón	40
Chile poblano (preparación y limpieza)	136
Chiles chipotles tamarindo rellenos de queso Cotija	57
Chiles en nogada contemporáneos	50
Chiles en nogada de Atlixco	48
Chiles jalapeños rellenos de minilla	52
Chiles poblanos rellenos de picadillo sencillo con papa	56
Chiles xcatik rellenos de picadillo	54
Chilorio	100
Chilpachole de jaiba	86
Chiltomate	135
Chimichangas de frijol refrito	19
Cochinita pibil	98
Crema de flor de calabaza	24
Encacahuatado	66
Flan tradicional	130
Frijoles charros	44
Frijoles de la olla / puercos	42
Frijoles refritos / maneados	46
Guacamole clásico	12
Huachinango a la veracruzana	88
Jugo de naranja agria (sustituto)	137
Kol para queso relleno	137
Manchamanteles	71
Manitas de puerco en escabeche	14
Mixiote tlaxcalteca	102
Mole amarillo	68
Mole de olla	58
Mole poblano	60
Mole verde de Michoacán	62
Pancita	104
Pescado frito	92
Pescado tikin xic	90
Pescado zarandeado	85
Picadillo de jitomate	138
Picadillo yucateco	110
Pipián rojo	64
Pipián verde	70
Plátanos machos rellenos	18
Pozole blanco	111
Quesadillas de huitlacoche	16
Queso fundido	13
Queso relleno	106
Rajas de chile poblano / con limón	116
Recado de especia	138
Recado de toda clase	139
Salsa borracha clásica	119
Salsa de chile de árbol	118
Salsa de chiles chipotles adobados	119
Salsa ixnipek	124
Salsa mexicana	117
Salsa ranchera	120
Salsa roja de jitomate	121
Salsa tamulada de chile habanero	124
Salsa verde cocida	122
Salsa verde cruda	123
Sikil p'ak	20
Sopa de caldo de pollo	25
Sopa de habas	29
Sopa de lima	30
Sopa de milpa	28
Sopa de tortilla	32
Sopes	21
Tamal de chaya	80
Tamal de dulce	81
Tamal de masa colada	72
Tamal de rajas poblanas	76
Tamal ranchero de Tlacotalpan	78
Tamal verde	74
Tatemado de puerco	108
Tiritas de pescado	39
Tiritas de tortilla fritas	139
Totopitos	140
Vuelve a la vida	36

Índice de ingredientes

aceitunas 52, 54, 88, 110, 112, 138

achiote 72, 90, 98

aguacate 12, 32, 34, 36

ajo 84, 114, 116, 125

ajonjolí 60, 62, 64, 71

alcaparras 54, 88, 110, 112, 138

almendra 48, 50, 112

arroz 22, 82, 126

azafrán 137, 138

bolillo 60, 128

cacahuate 60, 64, 66, 128

calabacita 25, 28, 58, 68

camarón 36, 38, 40, 82, 84

canela 126, 138, 139

carnero 102

cebolla blanca 14, 22, 26, 40, 116, 117, 125

cebolla morada 34, 98, 124

cerdo 48, 54, 56, 62, 64, 66, 74, 78, 98, 100, 106, 108, 110, 111, 114

chayote 58, 68

chícharo 94

chicharrón 44

chile ancho 60, 64, 68, 71, 78, 96, 100, 102, 108, 112, 114

chile cascabel 96

chile chipotle 40, 57, 64, 66, 78, 86, 119

chile de árbol seco 44, 118

chile guajillo 32, 64, 66, 68, 96, 102, 104, 108, 114, 118, 119

chile güero 88

chile habanero 20, 124, 135

chile jalapeño 14, 52

chile mulato 60

chile pasilla 32, 58, 60, 119

chile poblano 24, 28, 48, 50, 56, 76, 116, 136

chile serrano 34, 38, 39, 62, 70, 74, 85, 117, 120, 121, 122, 123

chile xcatik 54, 110, 125, 138

chivo 96

chocolate 60

chorizo 13, 29, 42, 44

cilantro 12, 20, 34, 40, 70, 74, 80, 85, 117, 122, 123, 134

ejote 58, 68

elote 24, 28, 58

epazote 16, 26, 42, 76, 86, 104

flor de calabaza 24, 28

frijol 18, 19, 21, 42, 46, 44

granada roja 48, 50

haba seca 29

harina de maíz para tamales 74, 76, 80

harina de trigo 24, 132, 135, 137

hoja de aguacate 102

hoja de chaya 80

hoja de rábano 62

hoja santa 68, 78

hongos silvestres 26

huevo 106, 130, 132, 135

huitlacoche 16

jamón 112

jitomate 12, 20, 22, 32, 54, 56, 66, 71, 76, 82, 85, 86, 88, 94, 110, 114, 117, 119, 120, 121, 124, 135, 138

leche 126, 130

lima 30

limón 34, 38, 39, 116, 137

longaniza 44

maíz blanco 72

maíz cacahuacintle para pozole 111

manitas de cerdo 14

manteca de cerdo 42, 60, 72, 74, 76, 78, 80, 81, 110, 137

mantequilla 24, 28, 112, 132

mariscos 36, 82, 86

masa de maíz 21, 68, 78, 81

naranja 90, 98, 119, 124, 137

nopal 29

nuez de Castilla 48, 50

orégano seco yucateco 125, 138, 139

pancita 104

papa 56, 58, 94

pasitas   48, 50, 52, 54, 60, 81, 110, 112,
     126, 128, 138
pato   72
pepita de calabaza   20, 62, 64, 70, 72
pera   71
pescado   34, 39, 40, 52, 85, 88, 90, 92, 134
piloncillo   128
pimienta gorda   139
pimienta negra   138, 139
pimiento morrón   30, 54, 110, 138
piña   71
piñón   48
plátano macho   18, 48, 50, 71
pollo   21, 25, 30, 60, 71, 134
pulque   119
queso añejo   119
queso Cotija   57, 128
queso crema untable   50

queso Chihuahua   19, 42, 46
queso de cabra   48
queso doble crema chiapaneco   80
queso edam   54, 106
queso fresco   18, 21, 32
queso manchego   57
queso panela   76
queso para fundir   13
res   50, 56, 58, 68, 94, 112
salsa cátsup   40
tocino   44, 112
tomate verde   62, 68, 70, 74, 118, 122, 123
tortilla de harina   13, 19
tortilla de maíz   16, 32, 139, 140
vinagre blanco   14, 96, 100, 114, 137
vino blanco   134
xoconostle   58
zanahoria   25, 58, 94, 112

Esta obra se terminó de imprimir en agosto de 2016
en los talleres de Editorial Impresora Apolo, S.A. de C.V.
Centeno 150-6, Col. Granjas Esmeralda,
C.P. 09810, Ciudad de México.